Beate Krais
Gunter Gebauer

Habitus

Die Beiträge der Reihe Einsichten werden durch Materialien im Internet ergänzt, die Sie unter **www.transcript-verlag.de** abrufen können. Das zu den einzelnen Titeln bereitgestellte Leserforum bietet die Möglichkeit, Kommentare und Anregungen zu veröffentlichen.
Wir freuen uns auf Ihre Teilnahme!

Einen Einblick in die ersten 10 Bände der Einsichten gibt die Multi-Media-Anwendung »**Einsichten – Vielsichten**«. Neben **Textauszügen** aus jedem Band enthält die Anwendung ausführliche **Interviews** mit den Autorinnen und Autoren. Die CD-ROM ist gegen eine Schutzgebühr von 2,50 € im Buchhandel und beim Verlag erhältlich.

Die Deutsche Bibliothek •
CIP-Einheitsaufnahme
Krais, Beate:
Habitus / Beate Krais ; Gunter Gebauer. -
Bielefeld : transcript Verlag., 2002
(Einsichten)
ISBN 3-933127-17-3

Satz: digitron GmbH, Bielefeld
Druck: Majuskel Medienproduktion GmbH, Wetzlar
ISBN 3-933127-17-3

Inhalt

Einleitung

Das Konzept des Habitus gehört mit den Vorstellungen vom sozialen Raum, vom sozialen Feld, vom kulturellen Kapital und von der symbolischen Gewalt zu den zentralen Erkenntnisinstrumenten, die Pierre Bourdieu den Sozialwissenschaften hinterlassen hat. Der Begriff selbst ist nicht neu; er findet sich in der Philosophie, aber auch in der Soziologie, etwa bei Émile Durkheim, bei Max Weber, Marcel Mauss und Norbert Elias. Doch erst Bourdieu hat ihm eine spezifische, systematische Bedeutung im Rahmen seiner Theorie von der sozialen Welt gegeben. Wenn man Bourdieus Soziologie als eine Soziologie der sozialen Praxis kennzeichnen kann, so ist die Kategorie des Habitus deren Kernstück. Sie bedeutet nichts anderes als einen Paradigmenwechsel im sozialwissenschaftlichen Denken, nämlich die Abkehr von einer Vorstellung vom sozialen Handeln, die dieses als Resultat bewusster Entscheidungen bzw. als das Befolgen von Regeln begreift.

Die Formulierungen, mit denen Bourdieu den Habitus beschreibt, finden sich in ähnlicher Form in seinen Arbeiten immer wieder. So schreibt er im *»Sozialen Sinn«*: Der Habitus ist zu verstehen als »System dauerhafter und übertragbarer Dispositionen«, die als »Erzeugungs- und Ordnungsgrundlage für Praktiken und Vorstellungen« fungieren (Bourdieu 1987: 98), und zwar im Sinne einer »Spontaneität ohne Wissen und Bewußtsein« (ebd.: 105). Und weiter: »Als einverleibte, zur Natur gewordene und damit als solche vergessene Geschichte ist der Habitus wirkende Präsenz der gesamten Vergangenheit, die ihn erzeugt hat« (ebd.). In der ein gutes Jahrzehnt später entstandenen *»Reflexiven Anthropologie«* heißt es: Der Habitus ist »ein sozial konstituiertes System von strukturierten und strukturierenden Dispositionen, das durch Praxis erworben wird und konstant auf praktische Funktionen ausgerichtet ist« (Bourdieu/Wacquant 1996b: 154).

In den Habitus sind die Denk- und Sichtweisen, die Wahrnehmungsschemata, die Prinzipien des Urteilens und Bewertens eingegangen, die in einer Gesellschaft am Werk sind; er ist das »Körper gewordene Soziale« (ebd.: 161). Als Habitus bezeichnet Bourdieu ein generierendes Prinzip, einen Operator oder *modus operandi* (eine Art des Vorgehens oder Handelns), der jene regelhaften Improvisationen hervorbringt, die man auch gesellschaftliche Praxis nennen kann. Dabei ist der Habitus kreativ, erfindungsreich; er ist in der Lage, in neuen Situationen neue Verhaltensweisen hervorzubringen; er hat das Potential einer *ars inveniendi*, einer Kunst des Erfindens (Kunst im Sinne der praktischen Meisterschaft). Dieser Operator ist Produkt der Geschichte eines Individuums, geronnene Erfahrung und damit nicht nur *modus operandi*, sondern auch *opus operatum* (ein Produkt, ein Werk, etwas Hergestelltes); er ist verinnerlichte, inkorporierte Geschichte; in ihm wirkt die ganze Vergangenheit, die ihn hervorgebracht hat, in der Gegenwart fort – allerdings um den Preis des Vergessens. Der Entstehungszusammenhang des Habitus, die sozialen Bedingungen, die ihn hervorbrachten, damit aber auch das Bewusstsein vom Gewordensein dieser ›zweiten Natur‹, sind in der Selbstverständlichkeit der von ihm erzeugten Praxis untergegangen.

Mit diesen Umschreibungen ist nun noch keineswegs klar, was mit dem Konzept des Habitus gemeint ist, wie der Habitus funktioniert, was das Besondere an ihm ist und was er für die soziologische Analyse bedeutet. Im Folgenden soll dies genauer untersucht werden.

Dazu werden wir zunächst, nach einem kurzen Überblick über Bourdieus Werk, nachzeichnen, wie Bourdieu dazu gekommen ist, dieses neue soziologische Konstrukt zu ›erfinden‹. In einem Exkurs werden auch dessen Vorläufer in der Philosophie vorgestellt. Im folgenden Kapitel fragen wir danach, wie der Habitus funktioniert. Wir gehen dabei zunächst auf den Vergleich mit der generativen Grammatik Chomskys ein; diesen Vergleich hat Bourdieu selbst verwendet, um zu verdeutlichen, worum es ihm mit dem Habitus-Konzept geht. Im Zentrum des Kapitels stehen jedoch die soziologischen Strukturkategorien Klasse, Geschlecht und soziales Feld – Kategorien, die Bourdieu mit Hilfe des Habitus-Konzepts analytisch erschlossen hat – mit deren Hilfe die Funktionsweise des Habitus näher erläutert werden soll. Das anschließende Kapitel ist der Ontogenese des Habitus gewidmet, das heißt, es fragt danach, wie die Individuen ihren Habitus erwerben und was man aus der Funktionsweise des Habitus über die Lernprozesse erschließen kann, in denen ein Mensch im Laufe seines Lebens seinen Habitus ausbildet, modifiziert, verfestigt, verändert. Das letzte Kapitel schließlich erörtert die Frage, welches der systematische Ort des Habitus-Konzepts in der Soziologie ist. Zur Erläuterung werden wir das ältere Konzept der sozialen Rolle heranziehen; damit soll verständlicher werden, was mit dem Paradigmenwechsel gemeint ist, den das Habitus-Konzept bedeutet.

Einige kurze Bemerkungen sind an dieser Stelle noch zu den Übersetzungen der Texte Bourdieus zu machen. Die komplexe, durchgearbeitete Schreib- und Argumentationsweise Bourdieus mit ihrem für die lateinischen Sprachen charakteristischen Satzbau und vielfältigen Bezügen auf die philosophische Tradition ist schon im Original nicht einfach zu lesen. Vor allem in den frühen Texten werden auch die Spuren der Anstrengung deutlich, die notwendig ist, um etwas Neues zu entwickeln, etwas Neues, das noch nicht da ist, sondern erst erarbeitet werden muss, und zwar gegen Widerstände, gegen die Widerstände im eigenen Kopf und gegen die Widerstände der soziologischen Zunft – ein eleganter Schreibstil ist angesichts dieser Mühen, dieser immer wieder von neuem ansetzenden Kraftakte nicht zu erwarten. In der deutschen Übersetzung verwandeln sich die Texte leicht zu verschachtelten, schwerfälligen Endlos-Sätzen, in denen die im Französischen oft beeindruckende Kraft und Präzision des sprachlichen Ausdrucks verschwindet. Für den Einstieg ist es daher zu empfehlen, zunächst spätere Texte Bourdieus zu lesen, vor allem die Interviews, die flüssiger formuliert und auch flüssiger übersetzt sind.

Manche Gestelztheiten und Absonderlichkeiten der Sprache kommen auch durch die Übersetzungen zu Stande.[1] Problematisch ist unter anderem der in deutschen Übersetzungen oft verwendete Plural für das lateinische Wort ›Habitus‹, nämlich ›Habitusformen‹. Damit wird suggeriert, es gebe verschiedene *Formen* des Habitus, gemeint ist jedoch nichts anderes als die Mehrzahl von Habitus, wenn beispielsweise von mehreren Menschen und ihren Habitus die Rede ist. ›Habitus‹ ist ein lateinisches Wort, für das es keinen deutschen Plural gibt. Im Folgenden wird daher durchgängig der lateinische Plural verwendet: die ›Habitus‹, gesprochen mit einem langen ›u‹.

Bourdieu war ein außerordentlich produktiver Soziologe. Er hat zu einer Fülle von Themen gearbeitet und viele Bücher, Aufsätze und Interviews veröffentlicht; die heute in Papierform und im Internet zugänglichen Bibliographien sind kaum überschaubar. Er hat dennoch sein Werk nicht vollendet: Sein Nachlass umfasst immer noch viele Aufsätze, die in überarbeiteter Form als Buchpublikationen erscheinen sollten (zum Beispiel in einem Werk zu den verschiedenen sozialen Feldern), wozu er jedoch nicht mehr kam, und eine ganze Reihe von unveröffentlichten Schriften. Viele Arbeiten sind ins Deutsche übersetzt worden, allerdings oft mit erheblicher Verspätung.

Die frühesten veröffentlichten Arbeiten Bourdieus sind Untersuchungen über Algerien. Bourdieu kam Mitte der Fünfzigerjahre nach Abschluss seines Studiums an der *Ecole Nationale Supérieure*, wo er eine gründliche philosophische Ausbildung genossen hatte,[2] als Wehrpflichtiger nach Algerien, in ein Land, das sich im Befreiungskrieg gegen Frankreich befand. Diese Zeit und die Jahre danach, in denen er Assistent an der Universität Algier war, nutzte er für intensive Feldforschung: Er fotografierte, machte viele Interviews, Expertengespräche, statistische Erhebungen, teilnehmende Beobachtungen (vgl. dazu Schultheis 2000). Hier schrieb er seine ersten Bücher »*Sociologie de l'Algérie*« (1958), »*Travail et travailleurs en Algérie*« (zusammen mit A. Darbel, J. Rivet und C. Seibel, 1963); später kam »*Algérie 60*« (1977, dt. »*Die zwei Gesichter der Arbeit*«, 2000a) hinzu. Und hier schon, in der viel beachteten ethnologischen Studie über das kabylische Haus (Bourdieu 1969), beschäftigte sich Bourdieu mit dem Geschlechterverhältnis, einem Thema, das er in späteren Arbeiten wieder aufgenommen hat (Bourdieu 1962a, 1982b, 1998b). Geschlechtsblindheit ist den Arbeiten Bourdieus nicht vorzuwerfen; er gehört vielmehr zu den ganz wenigen Soziologen, die nicht nur in ihren empirischen Arbeiten immer berücksichtigt haben, dass die sozialen Akteure als Frauen und als Männer existieren, sondern die auch das Geschlechterverhältnis als zentralen Gegenstand der Soziologie thematisiert haben.

In der Praxis der empirischen Forschung, in einem Prozess

des *learning by doing* und weitgehend autodidaktisch, bildete er einen scharfen analytischen Blick für die gesellschaftlichen Verhältnisse aus. Der Kontrast zwischen den ihm vertrauten Lebensverhältnissen und Denkweisen der modernen Gesellschaft im Frankreich der Fünfziger- und frühen Sechzigerjahre und den traditionellen agrarischen Lebensweisen mit ihren eigenen Ritualen und der besonderen Bedeutung des Ethos der Ehre, die er in Algerien vorfand, insbesondere bei den kabylischen Bauern, war hierfür von entscheidender Bedeutung.

Zurück im eigenen Land, richtete Bourdieu den Blick auf die französische Gesellschaft. Auch im heimatlichen Béarn fand er vormoderne Lebensverhältnisse, Denk- und Verhaltensweisen, die ähnlich wie in der Kabylei einer anderen Logik als jener der Industriegesellschaft folgten. In seine soziologische Untersuchung der eigenen Gesellschaft integrierte er Methoden der Ethnologie (Bourdieu 1962b). Das moderne Frankreich, auf das sich die Aufmerksamkeit des Soziologen Bourdieu von nun an richtete, ist durch eine Sozialstruktur von hoher Ungleichheit gekennzeichnet, in der die sozialen Positionen auf Grund des Besitzes von ökonomischem Kapital und von kulturellen Kompetenzen, Fähigkeiten und Kenntnissen zugeteilt werden. Von besonderem Interesse für ihn war die Rolle der Schule – und wenn Bourdieu von der Schule spricht, so schließt dies, dem französischen Sprachgebrauch entsprechend, die Hochschule immer mit ein – bei der Reproduktion der Klassenstruktur: Zusammen mit Jean-Claude Passeron arbeitete er über das ungleiche »kulturelle Erbe«, das auf Grund ungleicher sozialer Herkunft entsteht und das den Kindern aus den oberen sozialen Klassen im Gegensatz zu den Schülern aus den unteren Klassen den Schulerfolg sichert (Bourdieu/Passeron 1964b, 1970). Diese Thematik beschäftigte ihn sein ganzes Leben hindurch (vgl. Bourdieu 1989a). Sie findet sich auch in der großen Untersuchung über die Klassenstruktur Frankreichs, die in Deutschland unter dem Titel *»Die feinen Unterschiede«* erschienen ist (1982a, frz. 1979 unter dem Titel *»La distinction«*) und oft als sein Hauptwerk bezeichnet wird.[3] Hier stellt er, in kritischer Anknüpfung an Marx, sein Konzept vom sozialen Raum vor. Zugleich greift er Überlegungen von Max Weber zur Bedeutung der Lebensführung auf, indem er detailliert auf die unterschiedlichen Lebensstile der verschiedenen Klassen eingeht, insbesondere auf deren soziale Praxis im Umgang mit Kultur und Bildung. Was vorher »kulturelles Erbe« hieß, wurde nun als eine mit dem ökonomischen Kapital rivalisierende oder, je nach sozialer Klasse, sich mit diesem verbindende Form des Kapitals, als »kulturelles Kapital« gedeutet. Bourdieu zeigt, wie das Vermögen des Geschmacks, ein von Kant übernommener Begriff, für den Gewinn von symbolischen Profiten eingesetzt werden kann, ja noch mehr: dass die Gesellschaft in hohem Maße über Geschmacksurteile funktioniert, insofern Zusammenhalt und Differenzierung sozialer Klassen mit Hilfe geschmacklicher Zustimmung und Ablehnung zu Stande kommen.

Soziale Ungleichheit und Herrschaft stehen im Zentrum von Bourdieus Soziologie. Nicht erst *»Die feinen Unterschiede«*, sondern schon seine frühesten Arbeiten machen jedoch deutlich, dass es ihm vor allem um jene Form der Herrschaft (und der Gewalt) geht, die er »symbolische Herrschaft« bzw. »symbolische Gewalt« nennt. Als solche bezeichnet er Formen und Modi der Herrschaft, die über Kultur, über die Sichtweisen der Welt, über die Selbstverständlichkeiten unseres Denkens und damit über jene gesellschaftlichen Institutionen vermittelt sind, die Kultur produzieren, als deren gesellschaftliche Wächter und Interpreten fungieren. Das sind in der modernen Gesellschaft zunächst das öffentliche Bildungswesen, nach wie vor auch die Kirchen als die Hüter von Grundwerten, Moral und Sitte, die Parlamente als Institutionen der Gesetzgebung und die Institutionen der Rechtsprechung, vor allem aber der inzwischen weit aufgefächerte, bunte, wachsende Bereich der Medien, des Literatur- und Kunstbetriebs, der Wissenschaft, der ›Denkfabriken‹, der Theater, der Konzertagenturen und Musikproduzenten, der Filmproduktion und so weiter. Bourdieu hat sich daher intensiv mit den sozialen Feldern der Kultur beschäftigt. Neben den bereits erwähnten Studien zur Reproduktion sozialer Ungleichheit über das Bildungswesen sind hier die Untersuchungen über die Photographie (Bourdieu u.a. 1965), über die Museen (Bourdieu/Darbel/Schnapper 1966b), über das religiöse Feld (Bourdieu 1971a), über die akademische Welt (Bourdieu 1984), über die Justiz (Bourdieu

1986c) und schließlich über die Entstehung des Feldes der Literatur (Bourdieu 1992) zu nennen. Besondere Aufmerksamkeit widmete er auch der Sprache, einem mächtigen Medium symbolischer Herrschaft: Auch die Wörter leisten einen »Beitrag zur Konstruktion des Sozialen« (Bourdieu 1990b: 71), zur Etablierung und Aufrechterhaltung von Herrschaft; in der legitimen Sprache wird ebenso wie in der sprachlichen Interaktion immer auch die soziale Ordnung wirksam.

Der weite und vielfältige Bereich der Kultur war für Bourdieu nicht nur deshalb von Interesse, weil er der symbolischen Herrschaft als einer unsichtbaren, verschleierten, im Selbstverständlichen aufgehenden Form der Herrschaft besondere Bedeutung für die moderne Gesellschaft beimaß. Sich mit den kulturellen Werken und den sozialen Bedingungen ihrer Produktion auseinander zu setzen, war auch eine wissenschaftliche Herausforderung. Keine Tätigkeit in der Gesellschaft wird so sehr davor geschützt, in soziale Zusammenhänge eingeordnet zu werden, wie die Tätigkeiten, die im Zeichen des Ästhetischen stehen. Höchster Ausdruck dieser Auffassung ist die ›reine Ästhetik‹ und die Ideologie des einsamen Schöpfers. Die Aufgabe, die Bourdieu sich stellte, war, zwei einander unversöhnlich gegenüberstehende Positionen zu versöhnen: einmal die Position, dass kulturelle Objekte eine eigene innere Logik und Dynamik entfalten, und zum anderen die Position, dass sie gleichwohl angebunden sind an die soziale Welt und daher auch mit den Mitteln der Soziologie begreifbar sein müssen. Seine Lösung war der Begriff des sozialen Feldes, also etwa eines Feldes der Kunst, der Literatur und so weiter. Mit seiner Theorie der sozialen Felder entwickelt Bourdieu eine Vorstellung von der gesellschaftlichen Arbeitsteilung, die zum einen die Akteure der jeweiligen sozialen Felder in den Blick nimmt und zum anderen anerkennt, dass die verschiedenen Felder nach unterschiedlichen, nicht aufeinander reduzierbaren ›Grundgesetzen‹ funktionieren, also auch nicht aufgehen in der Logik des ökonomischen Feldes oder, lapidar gesagt, allein durch Bezug auf die ›Macht des Geldes‹ erklärt werden können. Mit der Vorstellung von sozialen Feldern als Kräftefeldern, die geprägt sind von der Konkurrenz der Akteure um Macht und Einfluss im jeweiligen Feld, trägt Bourdieu nicht nur der relativen Autonomie der einzelnen sozialen Felder Rechnung, sondern begreift sie auch als sozialen Kontext, als jeweils eigene soziale Welten.

In seiner Abschiedsvorlesung am *Collège de France* im Jahre 2001 spricht Bourdieu von seinem Eintritt in das Feld der Soziologie Frankreichs zu Beginn der Sechzigerjahre (Bourdieu 2001: 187ff.). Er beschreibt dieses Feld als ein fest gefügtes soziales Universum mit ebenso fest gefügten Aufteilungen des Fachs in verschiedene, säuberlich voneinander getrennte Schubladen und Spezialisierungen, zwischen denen es keine Brücken gab. Bourdieu kam in dieses Universum mit seiner Erfahrung der ethnologischen Feldforschung und der autodidaktischen Aneignung der soziologischen Theorie und Methode, aber auch als gelernter Philosoph, und zwar als ein Philosoph, dessen Wissenschaftsverständnis an der von Gaston Bachelard entwickelten modernen Epistemologie der »Polemik gegen den Irrtum«, des notwendigen »Bruchs mit den vorwissenschaftlichen Denkkategorien« und der »Konstruktion des wissenschaftlichen Objekts« ausgebildet worden war (vgl. Bachelard 1978). Die Frage: Wie kann der Soziologe sicherstellen, dass er sein Objekt wissenschaftlich erfasst? stellte für Bourdieu eines der wichtigsten wissenschaftstheoretischen Probleme seines Faches dar. Was eine Antwort so notwendig macht, ist die Offenheit der Soziologie für Alltagserfahrungen. Jeder Soziologe, jede Soziologin handelt auch im Alltag, kennt viele der von ihm oder ihr erforschten Gegenstände aus eigener vorwissenschaftlicher Erfahrung, kann die untersuchten Personen spontan verstehen. Gewiss ist diese Nähe zu den wissenschaftlichen Gegenständen von Vorteil; sie birgt jedoch die Gefahr, dass wissenschaftliches und alltägliches Begreifen ineinander übergehen und die Vorannahmen, Parteilichkeiten, unbedachten Gesichtspunkte, Standardannahmen aus dem Alltag ungehemmt in die soziologische Arbeit einfließen. Im Unterschied zur Physik oder Chemie ist die Soziologie ein wissenschaftliches Feld mit »schwacher Autonomie«, »eingetaucht in soziale Beziehungen« und mit niedrigen Hürden beim Zugang zum Studium (Bourdieu 2001: 169).

Die Wissenschaftlichkeit der Soziologie hängt nach Bourdieus Auffassung davon ab, dass die Forscherin und der Forscher ihre eigene Beteiligung an der sozialen Welt, ihre Einbindung, Interessen, Wertungen, Sichtweisen, Emotionen erkennen und von ihrem wissenschaftlichen Standpunkt abtrennen. Als Wissenschaftler ist Pierre Bourdieu nicht das Ergebnis seiner Biographie; er hat sich davon gelöst. Der biographisch geprägte Standpunkt wird mit einem »epistemologischen Bruch«, einer »objektivierenden Distanz« überwunden. Man macht sich selbst zu einem wissenschaftlichen Gegenstand, und damit macht man auch alle eigenen Beteiligungen im sozialen Raum zu wissenschaftlichen Objekten – die Emotionen, die soziale Stellung, den Besitz, die Beteiligungen, Interessen, Strategien und das eigene Weltwissen, wozu auch die »Spontansoziologie« gehört, das heißt das Alltagswissen des Subjekts über die Gesellschaft und sozialen Prozesse. In der wissenschaftlichen Arbeit des Soziologen, der notwendigerweise von *einem* Gesichtspunkt aus vorgeht, wird also ein objektiver Blick nur möglich, wenn er sich selbst in den Blick nimmt: wenn er sich *von außen* betrachtet. Dies bedeutet nichts anderes, als dass er auch die anderen Standpunkte rekonstruiert: Von diesen wird er selbst und wird derselbe Raum betrachtet, den auch er betrachtet, freilich von einem spezifischen Standpunkt, der sich von den anderen unterscheidet. Der eigene Standpunkt wird nicht bedeutungslos, doch werden seine Besonderheiten sichtbar; es kann erkannt werden, wie der Wissenschaftler und die Wissenschaftlerin von ihrem Standpunkt aus zu ihrem Blick auf das Ganze gelangt sind.

Könnte man von außen die Standpunkte aller anderen Wissenschaftler rekonstruieren und in Beziehung miteinander setzen, würde man die Aspektabhängigkeit der Blicke aufheben. Man hätte dann »a view from nowhere«, wie Bourdieu in Anlehnung an Austin sagt, oder, nach Leibniz, den geometrischen Ort aller Gesichtspunkte, nämlich Gott – ein unerreichbares Ideal. Dies wäre der Ort der Wahrheit, ein Ort, den niemand erreichen kann. An dem alten Gedanken, dass man sich diesem Ort mit den Mitteln der Wissenschaft immerhin annähern könne, hält Bourdieu fest.

So begann er seine soziologische Laufbahn mit der Kritik an der Soziologie, wie er sie vorfand, und dem Bewusstsein, dass er Soziologie auf neue, innovative Weise machen musste (vgl. dazu

Bourdieu 1991b). Recht früh stand er daher vor der Notwendigkeit, sein wissenschaftliches Vorgehen zu reflektieren und seine Methodologie in der Auseinandersetzung mit der sozialwissenschaftlichen und philosophischen Tradition auszuarbeiten. Produkte dieser Reflexion waren Werke wie *»Le métier de sociologue«* (Bourdieu/Chamboredon/Passeron 1968), aber auch die Arbeiten, in denen er seine Theorie der Praxis in Abgrenzung von der »theoretischen Vernunft« entwickelt (Bourdieu 1972, 1980), und ebenso seine immer wieder aufgenommene Auseinandersetzung mit der Philosophie (Bourdieu 1988a, 1997b). Er kehrte immer wieder zur Philosophie zurück, um eine reflexive Distanz zu seiner Disziplin zu gewinnen. Mit dieser Verbindung von reflektierender Vernunft und in der Gesellschaft tätiger Forschung hat er die Soziologie, aber auch die Philosophie um einen bedeutenden Schritt vorangebracht.

Zu dem Reflexionsprozess, der Bourdieus Werk begleitete, gehören – seinen eigenen methodologischen Postulaten entsprechend – auch die Arbeiten, die man als Selbst-Analysen bezeichnen kann, die Untersuchungen zum französischen Wissenschaftsfeld in *»Homo academicus«* (1984) und zu den französischen Eliten, die von den *grandes écoles* Frankreichs produziert werden (Bourdieu 1989a). Am Ende dieser Rückwendung auf sich selbst steht die Sozio-Analyse seiner eigenen Lebensbedingungen, seiner Laufbahn, seines Habitus und der theoretischen Arbeit, die dieser hervorgebracht hat, in der Abschiedsvorlesung am *Collège de France* (Bourdieu 2001).

Charakteristisch für Bourdieus Werk ist, dass Theorie und empirische Untersuchung nicht getrennt nebeneinander stehen, sondern eng aufeinander bezogen sind. Die Theorie muss nach seinem Verständnis »wie die Luft, die man atmet, überall und nirgends [sein; B.K./G.G.]: in einer abschweifenden Anmerkung, im Kommentar eines alten Textes, in der Struktur des interpretierenden Diskurses selbst« (Bourdieu 1999: 284). Nicht umsonst bezeichnet er das, was andernorts »Theorie« genannt wird, als »Erkenntniswerkzeuge«, als Instrumente zum Begreifen der gesellschaftlichen Wirklichkeit, die sich daran messen lassen müssen, was sie für die Analyse dieser Wirklichkeit taugen. Neue Erkenntnismittel, das heißt neue analytische Kategorien und theoretische Konstruktionen, entstehen nach seinem Verständnis nicht in der Welt des reinen Geistes oder der abstrakten Begriffe, und schon gar nicht entstehen sie *ad hoc* als Verallgemeinerung von Alltagseinsichten. Sie entstehen vielmehr in einem Forschungszusammenhang, der untrennbar immer theoretisch und empirisch zugleich ist. Mit Blick auf die *»Feinen Unterschiede«* schreibt Bourdieu, seine Arbeit komme nicht »im Schmuck all der Abzeichen daher, an denen man die ›Hohe Theorie‹ erkennt, angefangen beim nicht vorhandenen Bezug auf irgendeine empirische Realität. [...] Meine ganze wissenschaftliche Arbeit lebt nämlich von der Überzeugung, daß sich die innerste Logik der sozialen Welt nur erfassen läßt, wenn man ganz in die Besonderheit einer empirischen, in der Geschichte räumlich und zeitlich bestimmbaren Realität eindringt, aber nur um sie als ›besonderen Fall des Möglichen‹ zu konstruieren, wie Gaston Bachelard das nannte, also als Einzelfall in einem endlichen Universum von möglichen Konfigurationen« (Bourdieu 1998a: 13f.).

Charakteristisch ist auch das politische Engagement, von dem Bourdieus Werk getragen ist. Seine Soziologie war von Anfang an eine Soziologie in politischer Absicht. Von den frühen Studien über Algerien, seinen Arbeiten zu Bildung und Kultur und zum Zusammenhang von Klasse, Lebensführung und ästhetischem Urteil bis zu den in seinem letzten Lebensjahrzehnt häufigeren Stellungnahmen zur aktuellen Politik ist die Absicht der Aufklärung, der Gesellschaftskritik und der Wissenschaftskritik unverkennbar. Dabei ist festzustellen, dass er der Versuchung der Prophetie vom Katheder aus immer widerstanden hat: Ein Wissenschafts-Guru, der einen ›dritten Weg‹ aufzeigt oder dem nach Orientierung heischenden Publikum auf andere Weise klar macht, ›wo's lang geht‹, war Bourdieu nie. In seinen polemischen Schriften, die ihn in Deutschland in den Neunzigerjahren auch einem breiteren Publikum bekannt gemacht haben, setzte er sich vor allem gegen die Zumutungen der vom Neoliberalismus erzwungenen Veränderungen der Gesellschaft zur Wehr. Bei allen seinen politischen Stellungnahmen hat Bourdieu jedoch immer versucht, seinen Überzeugungen eine wissenschaftliche Fundierung zu geben, wie ihn umgekehrt die Ergebnisse seiner Forschungen zu politischen Stellungnahmen bewegten. Beispiele sind seine Abhandlung zu den soziologischen Grundlagen der Ökonomie (2000b), in denen er seine Themen aus den frühen Arbeiten zu Algerien wieder aufnimmt, und seine Empfehlungen zum französischen Schulsystem (Collège de France 1985). In dem mit vielen Mitarbeitern verfassten Band *»La misère du monde«* (Bourdieu et al. 1993) gestaltete er das narrative Interview zu einer literarisch-erzählenden Form um, freilich zu einer nicht-fiktionalen, den Regeln der Soziologie gehorchenden Methode. Auf diese Weise entstand ein packender Sozialreport, der jene zu Wort kommen lässt, die im Zuge der Globalisierung und Modernisierung der französischen Gesellschaft an den Rand gedrängt, aus Arbeit und sozialen Zusammenhängen ausgeschlossen werden. Das Buch präsentiert keinen Elendsdiskurs, es drückt nicht auf die Tränendrüsen und heischt nicht nach Mitleid. Es macht deutlich, wie gesellschaftliche Machtverhältnisse im konkreten Lebenszusammenhang wirksam werden, und es ist eminent politisch: Es zeigt die politischen Verantwortlichkeiten auf (vgl. dazu Krais 1994).

Allerdings ging es Bourdieu nicht nur um die Verantwortung derer, die im politischen Raum Entscheidungen über die Verfassung des Gemeinwesens und die Lebensverhältnisse der Bürgerinnen und Bürger zu treffen haben. In seinen Texten, die ja immer auf den Zusammenhang von Symbolischem und Materiellem, von symbolischer Ordnung und objektivierter sozialer Struktur zielen, wird auch die Verantwortung, die Soziologen und Soziologinnen haben, sehr deutlich: Wenn gesellschaftliche Auseinandersetzungen immer auch symbolische Auseinandersetzungen sind, das heißt Auseinandersetzungen um Sichtweisen, um Kategorien und Klassifikationen, anhand derer wir die Welt wahrnehmen und einteilen, dann ist Soziologie, ob sie es will oder nicht, immer eminent politisch. Es ist nicht beliebig, ob man von Klassen spricht oder nur noch Individuen kennt, ob man die Familie von vornherein als Hort der Freiheit und des persönlichen Glücks thematisiert oder als einen Ort, an dem immer auch Machtbeziehungen zwischen den Geschlechtern ausgelebt und festgezurrt werden. Es ist auch nicht folgenlos, ob Soziologinnen und Soziologen den Alltag beherrschende Denkmuster übernehmen und als Kategorien der wissenschaftlichen Analyse verwenden oder ob sie diese auf ihren ideologischen Kontext hin untersuchen. Unsere Begriffe sind nicht nur dazu da, Duftmarken in der *scientific community* zu setzen oder ein staunendes Publikum zu beeindrucken, auf dass Forschungsgelder fließen und Reputation sich mehren möge, sie wandern in den Alltag, in das Alltagsverständnis von sozialen Beziehungen und gesellschaftlichen Zusammenhängen und stabilisieren Herrschaftsverhältnisse und Ungerechtigkeiten oder tragen zu ihrem Abbau bei.

Zur Entstehung des Habitus-Konzepts

Auch wenn man weit zurückgeht in Bourdieus Werk, ist es gar nicht so einfach festzustellen, wie er das Habitus-Konzept entwickelt oder ›erfunden‹ hat.[4] Schon sehr früh nämlich wird der Begriff des Habitus verwendet, so beispielsweise in Bourdieu/Sayad (1964a: 102), und der Sache nach, ohne als Begriff verwendet zu werden, taucht er bereits in den ersten Untersuchungen auf.

Bourdieus früheste Veröffentlichungen sind seine Arbeiten über Algerien. Die Erfahrung Algeriens machte aus dem Philosophen Bourdieu einen Ethnologen und Soziologen, und in diesem Wandel steckte zugleich die Erarbeitung des Habitus-Konzepts. In Algerien prallten zwei Welten aufeinander: die vorkapitalistische Welt der kabylischen Bauern und die ihnen durch die Kolonialisierung aufgezwungene Welt der modernen Ökonomie mit ihren Vorstellungen von rationalem Handeln. Bourdieu erlebte, dass die kabylischen Bauern ökonomisch vollkommen ›unvernünftig‹ handelten. Er hatte, wie er schreibt, »die Verwirrung und die Not ökonomischer Akteure vor Augen, die über die uns selbst völlig vertrauten bzw. selbstverständlich, natürlich und universell erscheinenden und von der ökonomischen Ordnung stillschweigend vorausgesetzten Verhaltensdispositionen schlichtweg nicht verfügten« (Bourdieu 2000a: 8).

Die utilitaristische Sicht des Wirtschaftens, die im Modell des *homo oeconomicus* zum Tragen kommt, wird von den Wirtschaftswissenschaften als universal unterstellt. In dieser Behauptung stecken zwei Fehler: Zum einen ist auch in der Moderne dieses Handlungsmodell keineswegs universal, sondern findet in einem spezifischen ökonomischen Feld statt, das seine eigenen Gesetzmäßigkeiten und Regeln hat, nur vermittelt mit anderen sozialen Feldern in Beziehung steht und weitgehend autonom funktioniert. Das ökonomische Feld, die Verselbstständigung des ökonomischen Denkens und Handelns gegenüber den Bereichen von Politik und Moral, ist, zum Zweiten, das Ergebnis eines historischen Prozesses, der sich insbesondere im 19. und 20. Jahrhundert in der westlichen Welt vollzogen hat. Gesellschaften, in denen es eine solche autonome Sphäre der Wirtschaft noch gar nicht gibt, wie das in Algerien in den Fünfzigerjahren der Fall war, organisieren ihre wirtschaftlichen Prozesse und Tauschbeziehungen nach anderen Grundsätzen.

Die Menschen, mit denen Bourdieu in Algerien zu tun hatte, hatten nicht die »moderne Wirtschaftsgesinnung«, von der Max Weber spricht, sie hatten kein modernes Verständnis von Rationalität. Anstatt auf kalkulierendem Denken und den Abstraktionen von Geld und Kapital beruht die vorkapitalistische Wirtschaft auf dem bäuerlichen Ethos der Ehre und ist an mythisch-rituelle Erfordernisse gebunden. In dieser Welt herrscht ein tiefes Misstrauen gegenüber dem Geld, das für die algerischen Bauern nicht viel mehr als »ein Zeichen für Zeichen« ist; sie ziehen diesem Zahlungen in Naturalien, »direkte und greifbare Resultate« vor (Bourdieu 2000a: 35). Da gewöhnliche Tauschprozesse durch Strategien der Ehre geregelt werden, gehorcht der Tausch zwischen Verwandten und Nachbarn – und der alltägliche Tausch im Dorf ist einer zwischen Verwandten und Nachbarn, nicht zwischen Fremden wie auf dem Markt in den entfernteren Marktflecken und Städten, an dem die Bauern nur gelegentlich teilhaben – der Logik von Gabe und Gegengabe. Selbst wenn es sich um die Bezahlung für Dienste handelt, darf die beleidigende Direktheit der Bezahlung von Leistungen mit Geld nicht offen zu Tage treten: »Ehrenhafte Personen verkaufen weder Milch [...] noch Butter, noch Käse, auch nicht Gemüse oder Früchte, sondern ›lassen es Nachbarn zugute kommen‹. Ein Müller, der einen Überschuß an Mehl erzielt, wird erst gar nicht auf den Gedanken kommen, ein Gut wie das Mehl, welches ja ein Grundnahrungsmittel darstellt, zu verkaufen. Die Logik des Gabentauschs vereint sich mit der mythisch-rituellen Logik zu einem Verbot, ein Utensil leer zurückzugeben. Was man zurückgibt oder -schickt heißt *fel*, genau wie das, was man dem Maurer mitgibt, z.B. Eier und Geflügel, wenn er außerhalb des Dorfes ans Werk geht. Gleiches gilt für alle Dienste, die ebenfalls streng nach den Regeln der Reziprozität und der Unentgeltlichkeit geleistet werden, etwas, das übrigens auch für das Ausleihen gilt. So wird etwa die *charka* eines Ochsen, bei der ein Bauer sein Zugtier für einen bestimmten Zeitraum für ein bestimmtes Maß Getreide vermietet, nur unter fremden Personen praktiziert und dabei von einer ganzen Reihe an Euphemisierungen und Verschleierungen begleitet, welche darauf abzielen, die möglichen merkantilen Implikationen zu kaschieren oder zu verdrängen. Meistens sind beide Parteien einvernehmlich daran interessiert, ihren Handel nicht in aller Öffentlichkeit zu schließen. Der Ausleihende versucht seine Mittellosigkeit zu verdecken und spiegelt vor, es handle sich um seinen Ochsen, während der Besitzer das Spiel mitspielt, da es angeraten ist, eine Transaktion geheimzuhalten, die nicht ganz mit dem Gerechtigkeitssinn in Einklang steht« (ebd.: 8f.). Alles, was den persönlichen Beziehungen eine abstrakte Form gibt und an die Stelle der traditionellen Verpflichtung zur Solidarität tritt, lehnen die Menschen ab. In dieser ›Moral der Ehre‹ hat der ›Geist der Berechnung‹ nichts zu suchen. Kalkulieren mit Geld, Investieren, Voraussehen setzt eine andere Zeitauffassung voraus, die mit der zyklischen, durch die Wiederkehr der Jahreszeiten und der damit verbundenen Verrichtungen in der Landwirtschaft geprägten Zeit der algerischen Bauern nicht vereinbar ist. Die zyklische Zeit ist die Zeit alles Lebendigen: Auf das Werden folgt das Vergehen, auf den Tod folgt neues Leben. Nach den Vorstellungen der algerischen Bauern ist die Zukunft »eine Domäne Gottes« (ebd.: 43). Ebenso »fühlt sich der Bauer nur für sein Tun verantwortlich und nicht für dessen Erfolg oder Mißerfolg, welche allein von natürlichen und übernatürlichen Mächten abhängig sind« (ebd.: 55).

Statt wie die französischen Kolonialherren und ihre Ökonomen schlicht zu konstatieren, dass diese Menschen eben unmodern, unfähig und unvernünftig waren, wollte Bourdieu jedoch verstehen, weshalb sie so handelten, wie sie handelten. In seinem Vorwort zur deutschsprachigen Ausgabe von *»Algérie 60«* beschreibt er, welche Schwierigkeiten er damit hatte: »Ich erinnere mich daran, einen kabylischen Bauern stundenlang mit Fragen bombardiert zu haben, als dieser mir zu erklären versuchte, worauf denn eine traditionelle Form des Viehverleihs eigentlich beruhe. Mir war einfach nicht nachvollziehbar, daß der Eigentümer des Zugtieres sich entgegen aller ›ökonomischen‹ Vernunft dem Mieter verpflichtet fühlte, da er scheinbar davon ausging, daß dieser ja für das Tier sorgte und er es ja sonst hätte selber füttern müssen. [...] Nichts hatte mich darauf vorbereitet, die Ökonomie, und erst recht nicht die eigene, als ein Glaubenssystem zu denken, und ich mußte nach und nach auf dem Weg der ethnographischen Beobachtung und verstärkt durch meine statistischen Untersuchungen die praktische Logik der vorkapitalistischen Ökonomie erlernen« (Bourdieu 2000a: 15f.). Bei diesem mühsamen Versuch, die praktische Logik der kabylischen Bauern zu verstehen, kam Bourdieu zu weit reichenden Einsichten.

Erstens stellte er fest, dass das moderne Verständnis von ökonomisch rationalem Handeln – und darüber hinaus von rationalem Handeln generell – keineswegs eine universell gültige Art des Denkens ist, sondern soziale Voraussetzungen hat: nämlich ein ganz bestimmtes Wirtschaftssystem mit den dazugehörigen gesellschaftlichen Institutionen und politischen Strukturen. Später formulierte er diese Einsicht allgemeiner: »Die Geschichte der Vernunft hat nicht (allein) die Vernunft zur Grundlage« (Bourdieu 1999: 318). Sie begründete Bourdieus Abkehr von einer in sich selbst kreisenden Philosophie und seine Hinwendung zu den Sozialwissenschaften.

Zweitens wurde ihm klar, dass das so genannte ›nicht-rationale Handeln‹, das er beobachtet hatte, eine eigene Logik und Kohärenz oder eine eigene Rationalität hat. Diese hat ihrerseits bestimmte soziale Voraussetzungen, nämlich die sozialen Verhältnisse und Strukturen, die die vorkapitalistische Welt der Kabylen charakterisieren. Die Erfahrung dieser Welt, die damit gegebenen Sichtweisen und die Vorstellungen von dem, was zu tun und zu lassen ist, hatten sich den Individuen so eingeprägt, dass sie unter den neuen, durch die Kolonisierung über sie hereingebrochenen Bedingungen nur noch ›unangemessen‹, ›unvernünftig‹ und damit auch erfolglos im Hinblick auf die Sicherung ihrer Existenz handeln konnten. Sie hatten – was Bourdieu mit diesem Wort erst später so bezeichnete – einen *Habitus*, der den neuen Verhältnissen nicht adäquat war; ein Phänomen, das Bourdieu später als »Hysteresis«, als die Trägheit des Habitus bezeichnete.

Ein anschauliches Beispiel für diese »Hysteresis« ist die oft festgestellte Ungeübtheit der kabylischen Bauern im Umgang mit Geld, die dazu führte, dass viele der von materiellen Nöten bedrängten Kleinbesitzer, als sie Eigentumstitel an Land erhielten, ihr Land schnell in Geld umsetzten: »Im Umgang mit Geld wenig erfahren, haben sie dann ihr kleines Kapital oft in kurzer Zeit aufgebraucht, und sahen sich dann gezwungen, sich als Landarbeiter zu verdingen oder in die Städte zu flüchten« (Bourdieu 2000a: 39). Doch bezieht sich diese Unfähigkeit des Haushaltens nur auf das Geld, auf das allgemeine Symbol für alle möglichen Nutzen, nicht auf das Haushalten generell: »Die Kabylen speichern Weizen und Grieß in großen Fässern aus Ton, die auf verschiedenen Höhen Löcher aufweisen, und die gute Hausherrin, betraut mit der Verantwortung für die Vorratshaltung, weiß, daß es den Konsum zu bremsen gilt, wenn das Niveau des Kornvorrats auf der Höhe des mittleren Lochs, genannt *thimit*, angekommen ist. [... Bei der Geldwirtschaft hingegen tritt] an die Stelle der klaren Evidenz auf der Grundlage der Intuition [...] die ›blinde Evidenz‹ auf der Basis des Umgangs mit Symbolen« (ebd.: 37f.). Die praktische Logik der kabylischen Bauern gründete sich, so argumentiert Bourdieu, auf die Erfahrungen mit ihren Lebensverhältnissen und dem damit gegebenen ›Glaubenssystem‹. Angeregt von den Arbeiten Max Webers, mit dem er sich anlässlich seiner Forschungen in Algerien intensiv auseinander setzte, entdeckte er eine Weltsicht, die sich in Beurteilungen von sozialen Verhältnissen und Akten äußert, und ein System von Haltungen und Dispositionen, das am Verhalten von Personen ablesbar ist. Anders als Weber jedoch führt Bourdieu die ›innere Einstellung‹ nicht auf die Bindung an religiöse Dogmen zurück, sondern entdeckt ihren Zusammenhang mit dem Ganzen der Existenzbedingungen, unter denen die Subjekte leben. Die Erfahrung dieser Existenzbedingungen hatte sich in bestimmten Wahrnehmungs- und Handlungs-Dispositionen in den Individuen niedergeschlagen, die selbst dann noch wirksam waren, als ihre materiellen Lebensverhältnisse sich tief greifend verändert hatten.

Mit dieser Einsicht hatte Bourdieu die eine der beiden Seiten des Habitus, die Seite der »strukturierten Struktur«, der inkorporierten Geschichte oder der Präsenz der Vergangenheit in der Gegenwart ›gefunden‹.

Die Arbeit in Algerien führte noch zu einer weiteren Einsicht, die für Bourdieus Soziologie ganz entscheidend werden sollte. Die das wissenschaftliche Denken seit Descartes prägende Art der Rationalität und die für die kapitalistische Produktionsweise charakteristische Form ökonomischer Rationalität, gefasst in der Figur des *homo oeconomicus* und in bis heute gültiger Form herausgearbeitet von Max Weber, fallen zusammen: Die Zurechenbarkeit von Ursachen und Folgen, Zweck-Mittel-Rationalität, Berechenbarkeit, Verhalten nach dem Modell des Regel-Befolgens sind einige Stichworte hierzu. Dass die Logik des wissenschaftlichen Beobachters mit der Logik der Akteure zusammenfällt, ist jedoch keineswegs universell gültig, es ist sogar nur ein ganz außergewöhnlicher Sonderfall des Möglichen. Im Normalfall ist die Logik der Praxis, eine »Logik des Ungefähren und der Verschwommenheit« (Bourdieu 1987: 159), *nicht* identisch mit der Logik des wissenschaftlichen Beobachters. Die Überlegungen und Motive, die das praktische Handeln der Individuen anleiten, sind *nicht* identisch mit den ›Regeln‹ sozialen Handelns, die der Wissenschaftler im Nachhinein aus seinen ›Daten‹ rekonstruiert: »Der Anthropologe, der eine Genealogie konstruiert, hat zur ›Verwandtschaft‹ ein Verhältnis, das nicht das Geringste mit dem eines kabylischen Vaters gemein hat, der dringend ein praktisches Problem lösen muß, nämlich eine passende Frau für seinen Sohn zu finden« (Bourdieu/Wacquant 1996b: 100). Der wissenschaftliche Beobachter – in diesem Fall der Soziologe, die Soziologin – muss sich also hüten, das, was er auf Grund seiner Analyse der Handlungen der Akteure als deren Verhaltensmuster oder -modell im Nachhinein und von einem Standpunkt von außen – und oft genug auch von oben – herausgearbeitet hat, als die das Handeln der Akteure anleitende Handlungslogik auszugeben. Die von ihm konstruierte Theorie der sozialen Welt ist immer »das Produkt eines theoretischen Blicks [...], eines ›schauenden Auges‹ (*theorein*)« (ebd.).

In der Auseinandersetzung mit Erwin Panofskys Studie »*Gothic Architecture and Scholasticism*« (Panofsky 1952, franz. 1967), die Bourdieu ins Französische übersetzt hat, präzisierte er die zweite Seite des Habitus, die der »strukturierenden Struktur«, des generierenden Prinzips oder der kreativen Kapazität. Im Nachwort zur französischen Ausgabe dieses Werks (dt. Bourdieu 1974a) greift Bourdieu den von Panofsky benutzten Begriff »Habitus« explizit und systematisch auf. Panofsky hatte gezeigt, dass die gotische Architektur, die Schrift und das scholastische Denken des Mittelalters ›etwas miteinander zu tun‹ hatten. In ihren phänomenalen Erscheinungen stehen die gotische Kathedrale, die *»Summa Theologiae«* des Thomas von Aquin und die graphische Gestaltung von Handschriften unverbunden nebeneinander. Mit Panofskys Erkenntnismethode, die diese verschiedenen Werke zueinander in Beziehung setzte, ließen sich die disparaten kulturellen Objekte auf ein vereinigendes Prinzip zurückführen: »Im Zentrum des Individuellen« entdeckte Panofsky »Kollektives in Form von Kultur – im subjektiven Sinne des Wortes ›cultivation‹ oder ›Bildung‹ oder, nach Erwin Panofskys Sprachgebrauch, im Sinn des *›Habitus‹*, der den Künstler mit der Kollektivität und seinem Zeitalter verbindet und, ohne daß dieser es merkte, seinen anscheinend noch so einzigartigen Projekten Richtung und Ziel weist« (ebd.: 132, Hervorhebung im Original).

Die ikonologische Untersuchung Panofskys, die jede einzelne Beobachtung in die Beziehung zu analogen Beobachtungen stellt, um auf diese Weise den ›Sinn der ganzen Reihe‹ und damit auch erst den Sinn jedes einzelnen Elements in dieser Reihe zu erschließen, war Bourdieu als strukturalistische Methode bereits vertraut. Die sorgfältige, minutiöse Analyse, die eine Vielzahl von kulturellen Produkten, Texten, Gegenständen und Handlungsweisen des Alltagslebens, Mythen, rituellen Objekten und Handlungen zueinander in Beziehung setzt, um auf diese Weise deren soziale Bedeutung und damit auch die innere Kohärenz einer Kultur herauszufinden, hatte er nach seiner Rückkehr aus Algerien bei Claude Lévi-Strauss gelernt. Panofskys Ergebnis, dass es eine ›grundlegende Haltung‹ gibt, die den unterschiedlichen künstlerischen Produktionen einer bestimmten Epoche eine stilistische Einheit gibt, verhalf ihm zum Durchbruch bei der ›Erfindung‹ des Habitus: Die Einheitlichkeit der Handlungen in unterschiedlichen Bereichen verweist auf ein gemeinsames Erzeugungsprinzip, auf den dem Kleriker und dem Baumeister gemeinsamen Habitus.

Und wie Bourdieu schon bei dem Versuch zu verstehen, weshalb den algerischen Bauern die moderne »Wirtschaftsgesinnung« fremd blieb, auf deren sozialen Voraussetzungen stieß, so gab es auch für die stilistische Einheit der kulturellen Werke der Hochgotik soziale Voraussetzungen: Sie wurde durch die Institution der Schule hergestellt, die der »Zivilisation des 13. Jahrhunderts ihre Einheit verleiht« (ebd.: 143f.). Sie regelte das Denken der Gebildeten; unter ihrem Einfluss bildeten ihre Absolventen unbewusste Klassifikationen und Schemata aus, die eine »systematische Verkettung« (ebd.: 134) im Habitus der Handwerker, Baumeister, Philosophen, Künstler, Schreiber und Lehrer erzeugten.

Exkurs über die philosophischen Wurzeln des Habitus-Konzepts

Panofsky übernahm den Begriff des Habitus aus der Scholastik, genauer gesagt von Thomas von Aquin. Die allgemeinste Erklärung, was ein Habitus ist, bezeichnet diesen als »zuständliche Eigenschaft, dauerhafte Anlage eines Dinges zu etwas« (»habitus quodammodo est medium inter potentiam puram et purum actum«) (hier wie im Folgenden vgl. Schütz 1958, Artikel ›Habitus‹). Mit dieser Bestimmung drückt Thomas die Zwischenstellung des Habitus aus, nämlich eine Vermittlungsinstanz zwischen reiner Potenz und reiner Handlung zu sein. Er ist so etwas wie die Umschaltstation zwischen der Potentialität (potentia pura) und der Ausführung einer Handlung (purus actus). In Thomas' Werk gibt es viele unterschiedliche Formen von Habitus, beispielsweise den »habitus activus«, den »habitus corporis«, sogar einen »habitus athleticus«, sodann verschiedene intellektuelle Habitus, beispielsweise solche der Schlussfolgerungen, der Vernunfteinsicht und des richtigen Wählens. Bourdieu knüpft insbesondere an den »Habitus zur Tätigkeit« an, an den »habitus operativus«.

Die Habitus werden an den Tätigkeiten, welche aus ihnen hervorgehen, erkannt (»habitus per actus cognoscuntur«). Man kann also den Habitus einer Person an deren Handlungen erkennen und rekonstruieren. Dies ist insbesondere für die Soziologie bedeutsam, kommt sie doch damit *ohne* den Blick in das ›Innere‹, auf die subjektiven Beweggründe, geheimen Wünsche, offenen und verdeckten Motive, Triebe o.Ä. des Menschen aus, und das heißt: ohne Psychologie. Gerade die Tatsache, dass Personen bei ihren Handlungen nicht überlegen, sondern ohne Verzögerung einen spontanen Akt vollziehen können, spricht für das Vorliegen eines Habitus, beispielsweise bei Akten, die als Ausdruck ihrer Persönlichkeit gelten. Jeder einzelnen Person kommt ein individueller Habitus zu: »Cuius est habitus, eius est actus« = »Habitus und Thätigkeit, welche einander entsprechen, haben dasselbe Subjekt«. Ebenso wie eine bestimmte Tätigkeit nur von *einem* Subjekt ausgeführt werden kann, entspricht dieser ein besonderer Habitus, der nur einem Subjekt zukommt.

Thomas von Aquin war einer jener Gelehrten des Mittelalters, die, unter dem Einfluss der arabischen Überlieferung, auf die Lehre des Aristoteles zurückgingen und diese in die scholastischen Wissensgebäude einbauten. Im Unterschied zum Platonismus betont der Aristotelismus die Bedeutung der Erfahrung, der Gewöhnung und der praktischen Erinnerung, damit auch des Körperlichen, für das menschliche Handeln. Diese Seite der antiken Philosophie ist seit der rationalistischen Wende durch Descartes in der europäischen Denktradition in Vergessenheit geraten. Die Bedeutung des aristotelischen Erfahrungsbegriffs hat Arnold Gehlen (1936), ein in vieler Hinsicht durchaus problematischer Autor,[5] sehr gut dargestellt. Erfahrung, griechisch *empeiria*, ist »etwas von langjähriger Übung, Geschicklichkeit, Fachkunde, Bewährung und einsichtiger Tüchtigkeit« (ebd.: 26). Sie steht in enger Beziehung zu zwei anderen Begriffen, *techne* (Kunstfertigkeit, Können) und *episteme* (Wissen). Ein Mensch mit Erfahrung »ist den mannigfaltigen Ansprüchen und Forderungen, die das Leben regelmäßig oder auch überraschend uns entgegenwirft, nicht unterworfen, sondern gewachsen, und er begegnet der Breite der Lebenssituationen mit derselben Bestimmtheit, die im Wollen eindeutig und gerade deshalb im Durchführen vielseitig ist, wie es der hervorragende Fachmann auf seinem Gebiet tut« (ebd.). Gehlen macht darauf aufmerksam, dass die europäische Philosophie den Begriff der Erfahrung als eine Art des *Wissens* verengt und vereinseitigt hat, insofern sie »nur nach *Bewußtseinsvorgängen*« fragt (ebd.: 27; Hervorhebung im Original). Aristoteles hingegen, schreibt Gehlen, entwickelt »die volle und unverkürzte Breite des Gegenstandes« (ebd.), und er zitiert Aristoteles: »Bei den Menschen entsteht Erfahrung aus der Erinnerung, denn die wiederholten Erinnerungen schließen sich in der Verfügbarkeit einer einzigen Erfahrung zusammen, wie denn Erfahrung sowohl der Einsicht, wie dem Können ähnlich zu sein scheint« (Aristoteles: *»Metaphysik«* A 1, 981a, zitiert nach Gehlen 1936: 27f.).

Wir erinnern uns an viele einzelne Erfahrungen, aber es bleibt nicht bei einzelnen, unverbundenen, sporadischen Erfahrungsinhalten, vielmehr arbeiten wir diese zu einer einzigen Erfahrung zusammen, zu einer Art Erfahrungswissen, aus dem wir einerseits unser praktisches Können, andererseits auch eine Einsicht über die Praxis dieses Könnens gewinnen. In unseren alltäglichen Handlungen gehen das (körperliche) Tun, Erfahrung und Können ineinander über. Im Unterschied zur späteren Philosophietradition hat Aristoteles »den weitaus tieferen, reicheren Begriff von Erfahrung [...], denn er sah vor allem die *Geschlossenheit* eines Erfahrungsprozesses, der in einem Verfügenkönnen endet, und er wählte in dem Ausdruck *›techne‹* (*Können*) einen gegenüber der Unterscheidung von ›physisch‹ und ›psychisch‹ neutralen Ausdruck. Ein erfahrener Mensch ist natürlich in erster Linie nicht einer, der richtige Urteile zur Hand hat, sondern einer, der auf irgendeinem Gebiete, und mag es sich schließlich um bloße körperliche Geschicklichkeit handeln, etwas aufgebaut, verfügbar hat und einfach *kann*« (Gehlen 1936: 28; Hervorhebung im Original).

Aristoteles verweist darauf, dass es neben oder ›unterhalb‹ des Strebens nach der Wahrheit eine andere Art des Wissens gibt, ein praktisches Wissen, das Menschen auf Grund ihrer Tätigkeit in der Welt bilden. Es ist *unser* eigenes Wissen, das wir auf unserem Lebensweg und durch die Akte unseres Körpers, durch die Veränderungen, die wir körperlich in der Welt hervorrufen, bilden. Wir erzeugen dieses Wissen nicht nur, sondern wir behalten es auch. Wir erinnern uns an dieses Wissen nicht durch kognitive Inhalte, nicht durch eine intellektuelle Schau, sondern wir besitzen es in Form von Gewohnheiten. Wir behalten die vielfältigen, differenzierten Erfahrungen dadurch, dass wir sie in unserem Körper ablagern. Wir müssen, sagt Aristoteles, unendlich viele Dinge lernen, weil wir sie nicht mit auf die Welt gebracht haben – wir lernen sie, indem wir sie als Tätigkeiten ausführen: »Denn was man erst lernen muß, bevor man es ausführen kann, das lernt man, indem man es ausführt: Baumeister wird man, indem man baut, und Kitharakünstler, indem man das Instrument spielt« (Aristoteles, *»Nikomachische Ethik«*: 1103a).

Nun sind nicht nur simple praktische Tätigkeiten Gewöhnungshandlungen. Aristoteles bezieht hier vielmehr sittliche Handlungen durchaus mit ein; genau darum geht es ihm in der *»Nikomachischen Ethik«*. »Sittliche Vorzüge« entstehen »in uns weder mit Naturzwang noch gegen die Natur, sondern es ist unsere Natur, fähig zu sein sie aufzunehmen, und dem vollkommenen Zustande nähern wir uns dann durch Gewöhnung« (ebd.: 1103a). Die ethische Haltung entsteht also aus praktischen Handlungen, denen wir »einen gewissen Wertcharakter erteilen« und aus denen wir »die entsprechende feste Grundhaltung« (ebd.: 1103b) bilden. Aus den vielen individuellen Handlungen ergibt sich eine Haltung; er nennt diese *»hexis«*. Diesen aristotelischen Begriff nimmt Thomas von Aquin später mit dem lateinischen Ausdruck *»habitus«* wieder auf (vgl. dazu Bourdieu 1999: 285ff.). Bei Aristoteles hat *»hexis«*, wie der Habitus, allgemeinen Charakter, er gehört nicht zum Bereich des Theoretischen: »Der Teil der Philosophie, mit dem wir es hier zu tun haben, ist nicht wie die anderen rein theoretisch« (Aristoteles: *»Nikomachische Ethik«*: 1103b). Es gibt hier keine allgemeine Regel; beim praktischen ethischen Handeln gibt es kein Regelfolgen, auch keine Exaktheit wie auf dem Gebiet der theoretischen Philosophie: »Im Bereich des Handelns aber und der Nützlichkeiten gibt es keine eigentliche Stabilität [...] Wenn dies aber schon bei übergreifenden Aussagen (in der Ethik) zutrifft, so kann Exaktheit noch viel weniger bei der Darstellung von Einzelfällen des Handelns vorhanden sein: diese fallen weder unter eine bestimmte ›Technik‹ noch Fachtradition. Der Handelnde ist im Gegenteil jeweils auf sich selbst gestellt und muß sich nach den Erfordernissen des Augenblicks richten, man denke nur an die Kunst des Arztes und des Steuermanns« (ebd.: 1104a).

Der Habitus entsteht nach Aristoteles aus der Erfahrung, in einzelnen Handlungen, die das Subjekt in Erinnerung behält, als Gewohnheit, die sich grundsätzlich von Einzelhandlungen unterscheidet. Zum einen ist Gewohnheit dauerhaft; sie hält etwas Getanes für alle Zukunft des Subjekts fest; sie wird mit Hilfe körperlicher Prozesse gespeichert. Zum anderen ist sie zukunftsgerichtet; sie geht in der Gegenwart nicht auf. Sie ist keine Erinnerung an vergangene Taten, wie beispielsweise die homerischen Epen, sondern eine Anlage für zukünftiges Handeln: *»Hexis«* ist, im Unterschied zu Erinnerungsbildern, ein nicht-intellektuelles Vermögen zur Hervorbringung von Handlungen. Sie ist ein Können, das in unserer Erfahrung gebildet worden ist und aus dem wir zukünftige Handlungen gewinnen. Obwohl sie aus *praktischen* Handlungen hervorgeht, hat sie die Fähigkeit, Werte zu bilden und ein auf Einzelfälle bezogenes und an Handeln gebundenes Wissen zu erzeugen. Der Habitus, die »*hexis*«, ist eine innere Instanz, die auf Grund von Handlungen zu Stande kommt und sich in neuen Situationen ausspielen lässt.

Wie funktioniert der Habitus?

Um die Funktionsweise des Habitus verständlich zu machen, wollen wir an dieser Stelle auf zwei Punkte näher eingehen. Zum einen wollen wir erläutern, was Bourdieu meint, wenn er vom Habitus als einem »generativen Prinzip« spricht. Wir ziehen dazu den Vergleich mit der generativen Grammatik heran, den Bourdieu selbst eingeführt hat. Zum anderen ist die Funktionsweise des Habitus nicht zu begreifen, wenn man ihn – und damit das soziale Subjekt – für sich, ohne den sozialen Kontext, betrachtet. Bourdieu hat diesen sozialen Kontext vor allem mit Bezug auf die drei zentralen Strukturkategorien der Soziologie – Klasse, Geschlecht und soziales Feld – untersucht. Diese Strukturkategorien wollen wir im Folgenden aufnehmen, um zu diskutieren, was das Habitus-Konzept zu ihrem Verständnis beiträgt.

Der Habitus als generative Grammatik

Vor allem in seinen älteren Arbeiten vergleicht Bourdieu den Habitus gerne mit der damals gerade entwickelten generativen Grammatik Noam Chomskys (vgl. Chomsky 1969), um dessen »aktive, erfinderische, ›schöpferische‹ Fähigkeiten« hervorzuheben (Bourdieu 1999: 286). In den Siebzigerjahren, als der Grammatiktheorie von Noam Chomsky ein hoher Erklärungswert zugesprochen wurde, erschien diese Analogie plausibel. Seither ist die generative Grammatik in verschiedener Hinsicht kritisiert worden; insbesondere sind Unzulänglichkeiten der von ihr vorgenommenen mathematischen Modellierung von Sprachprozessen nachgewiesen worden. Was jedoch heute den Vergleich mit dem Habitus unangemessen erscheinen lässt und was Bourdieu selbst kritisch angemerkt hat, ist Chomskys Annahme, dass jeder Sprecher die spezielle Grammatik seiner Sprache aus einer *angeborenen* Universalgrammatik hervorbringt (vgl. ebd.). Bourdieu nimmt eine dem Chomsky'schen Postulat gerade entgegengesetzte Position ein, insofern er den Habitus nicht als angeborene, sondern als erfahrungsabhängige Konstruktion entwirft.

Offensichtlich ist es ein *anderer* Aspekt, der ihn an der generativen Grammatik interessiert hat und den man tatsächlich von Chomskys Konstruktion ablösen kann: Die handelnden Subjekte verfügen über ein System generativer Strukturen, das unbegrenzt viele Äußerungen erzeugen kann. Mit Hilfe dieses Produktionssystems sind sie fähig, auf alle überhaupt nur möglichen Situationen zu reagieren und immer wieder neue Äußerungen hervorzubringen, die in zweierlei Hinsichten adäquat sind: Adäquat sind sie zum einen der Situation, zum anderen auch dem handelnden Subjekt. Sie können als typisch für die Situation *und* für den Handlungsstil der Person gelten. In *dieser* Perspektive kann der Vergleich des Habitus mit der Grammatik gute Dienste leisten. Man kann an der Analogie mit der Grammatik die Positionierung des Habitus zwischen Subjekt und Gesellschaft erhellen, wenn man diesen Begriff in der weiteren Fassung einer ›Handlungsgrammatik‹ verwendet.

Chomsky entwirft die Grammatik als eine in den Sprechenden vorhandene Struktur, die grammatische Äußerungen erzeugt. In dieser Sichtweise wird der Grund für korrektes, Regel-konformes Sprechen nicht in äußerlichen Prozessen gesucht, nicht in den Sprechhandlungen, die den Regeln des korrekten Sprechens folgten. Vielmehr verlagert Chomsky den Grund für grammatisches Sprechen in das Subjekt. Dessen inneres Produktionssystem ist in der Weise strukturiert, dass es Äußerungen hervorbringt, die mit der rekonstruierten Grammatik der Sprachwissenschaftler übereinstimmen. Die Übereinstimmung wird also nicht durch eine Art gesellschaftlicher ›Verhaltensgrammatik‹ hervorgerufen, sondern sie kommt auf Grund der Beschaffenheit des Produktionssystems zu Stande.

Wenn wir diese Betrachtungsweise auf Bourdieus Habitus-Konzept übertragen, liegt der Grund für regelhaftes Verhalten nicht darin, dass die Subjekte einer äußeren Grammatik folgen, sondern er wird in die handelnden Individuen selbst verlegt: Der Habitus ist so beschaffen, dass er Handlungen hervorbringt, die mit der ›Verhaltensgrammatik‹ übereinstimmen. Wenn wir unsere Erklärung hier abbrechen würden (was Chomsky tut, da er die Grammatik für angeboren hält), bliebe unverständlich, wie es möglich ist, dass ein subjektives Produktionssystem fähig ist, gesellschaftlich korrekte Verhaltensweisen zu erzeugen und Übereinstimmung mit den anderen Subjekten und dem herzustellen, was wir gemeinhin als ›gesellschaftliche Regeln‹ bezeichnen. Wir müssen noch einen weiteren Schritt hinzufügen, mit dem gezeigt wird, dass die ›interne Grammatik‹ aus den Erfahrungen entstanden ist, die die Individuen in der Gesellschaft gemacht haben: In seiner *gesellschaftlichen* Tätigkeit entwickelt das Subjekt von frühester Kindheit an ein so beschaffenes Produktionssystem, dass es Verhaltensweisen hervorbringt, in denen die ›Grammatikregeln‹ involviert sind. Man kann also eine kreisförmige Bewegung annehmen, die von der geregelten Gesellschaft zum Produktionssystem des Subjekts führt und dann in dessen regelhaftes soziales Verhalten einmündet.

Die Kreisförmigkeit dieser Bewegung ist nicht als Zirkularität auf der Ebene der Logik zu sehen, die die Begründung in dem zu Begründenden suchte. Es geht vielmehr um Entstehungsprozesse eines Produktionssystems, die sich im Wechselspiel mit gesellschaftlicher Bestätigung und Korrektur in Spiralform immer höher bewegen. In dieser Sichtweise wird Grammatik nicht statisch gedacht, sondern als ein dynamischer Vorgang des Erzeugens durch die Subjekte selbst, in dem die Grammatik durch die Aktivitäten der Handelnden immer aufs Neue hervorgebracht werden. Nicht das Regelwerk macht die Grammatik aus, sondern die Aktivitäten der Subjekte, ihre Regel-erzeugende Produktion. Im Zentrum der Grammatik steht nicht eine abstrakte Struktur, sondern das Subjekt und *seine* Produktion von Strukturen, die weder als unveränderlich noch als unabhängig von den Subjekten gedacht werden können.

Der Vergleich mit der generativen Grammatik könnte dazu verleiten, das »generative Prinzip«, die »kreative Kapazität«, von der Bourdieu spricht, wenn er den Habitus meint, als eine ›geistige Instanz‹ im Menschen zu denken. Wie unten noch genauer ausgeführt wird, wäre dies ein grobes Missverständnis: Bourdieu macht vielmehr darauf aufmerksam, dass bei allen vermeintlich ›mentalen Akten‹ – Intention, Wille, Erwartung, Haltung, Dispositionen – der Körper beteiligt ist; dies gilt gerade dann, wenn der Habitus als Erzeugungsprinzip betrachtet wird. In Anknüpfung an Aristoteles verweigert Bourdieu die scharfe Trennung zwischen ›physisch‹ und ›psychisch‹, wenn es um den auf Erfahrung gegründeten Habitus, um den praktischen Sinn und das soziale Handeln geht. Der Körper fungiert, wie die Sprache, nicht einfach als (passiver) Speicher, als Aufbewahrungsort für »bereitgehaltene Gedanken« (Bourdieu 1987: 127), niedergelegte Erfahrungen, gesellschaftliche Erwartungen, kurzum: für die Geschichte des Individuums, sondern als aktives ›Ding‹ bei der Erzeugung jener spontanen, immer wieder variierten und kreativ neu erfundenen Akte der Individuen, die die gesellschaftliche Praxis ausmachen. So kann Bourdieu den praktischen Sinn »als Natur gewordene, in motorische Schemata und automatische Körperreaktionen verwandelte gesellschaftliche Notwendigkeit« (Bourdieu 1987: 127) bezeichnen oder »in Abwandlung eines Worts von Proust sagen, Arme und Beine seien voller verborgener Imperative« (ebd.: 128).

Der Habitus und die soziologischen Strukturkategorien Klasse, Geschlecht und soziales Feld

Zum zweiten Punkt, auf den wir hier näher eingehen wollen, zum sozialen Kontext, in dem der Habitus wirksam wird: Es gibt, wie Bourdieu schreibt, zwei Formen, in denen sich Geschichte objektiviert, die Objektivierung in den Institutionen und die Objektivierung im menschlichen Organismus, eben: als Habitus (Bourdieu 1987: 95). »Die soziale Realität existiert sozusagen zweimal, in den Sachen und in den Köpfen, in den Feldern und in den Habitus, innerhalb und außerhalb der Akteure« (Bourdieu/Wacquant 1996b: 161). Einmal im Habitus eingelagert, funktionieren die verinnerlichten gesellschaftlichen Strukturen zwar nach einer dem lebenden Organismus eigenen, das heißt nach einer systematischen, flexiblen, nicht mechanistischen Logik. Doch erst die Existenz und Funktionsweise dieser zugleich »strukturierten und strukturierenden Struktur« in den Subjekten erlaubt es, »die Institutionen zu bewohnen, sie sich praktisch anzueignen, um sie dadurch in Aktion, am Leben, bei Kräften zu erhalten, sie beständig dem Zustand toter Buchstaben, toter Sprache zu entreißen, den in ihnen niedergelegten Sinn wieder mit Leben zu erfüllen, aber nur, indem er [der Habitus; B.K./G.G.] ihnen Veränderungen und Umwandlungen aufzwingt, die das

Gegenstück und die Bedingung ihrer Reaktivierung sind« (Bourdieu 1980: 96, eigene Übersetzung).[6] Mit Hilfe der Kategorien Klasse, Geschlecht und soziales Feld (oder, in einer theoretisch anders begründeten Terminologie, soziales System) trägt die Soziologie drei zentralen Prinzipien gesellschaftlicher Strukturierung in der modernen Gesellschaft Rechnung: Die Kategorie der sozialen Klasse bezieht sich auf vertikale soziale Ungleichheiten, das heißt auf die ungleiche Teilhabe verschiedener Gruppen der Bevölkerung am gesellschaftlichen Reichtum und auf die Ungleichheit in der Beteiligung an gesellschaftlichen Entscheidungs- und Gestaltungsprozessen; mit der Unterscheidung verschiedener sozialer Felder bzw. sozialer Systeme (in struktur-funktionalistischen und systemtheoretischen Ansätzen) greift die Soziologie die funktional differenzierte, arbeitsteilige Gliederung der modernen Gesellschaft auf; die Kategorie des Geschlechts schließlich verweist auf die in allen bekannten Gesellschaften existierende Arbeitsteilung zwischen Mann und Frau. Diese Prinzipien oder Dimensionen gesellschaftlicher Strukturierung lassen sich auch als soziale Ordnungen begreifen, die, um real zu sein, wirksam zu sein, um die wirklichen gesellschaftlichen Verhältnisse zu prägen, im Handeln der Individuen präsent sein müssen – der in ihnen enthaltene »objektive Sinn« muss durch das individuelle Handeln am Leben erhalten werden. Welche Rolle spielt dabei der Habitus?

Habitus und Klasse

Die moderne Gesellschaft ist für Bourdieu eine Klassengesellschaft. Er schließt darin zunächst an Marx an, kritisiert ihn jedoch und erweitert das Verständnis von sozialen Klassen in wesentlichen Punkten (vgl. dazu ausführlich Krais 2001a). Sein zentraler Kritikpunkt lautet, Marx habe von der theoretischen Konstruktion der Klassen umstandslos auf die Existenz der Klassen in der Wirklichkeit geschlossen, er springe in einem »›Salto mortale‹ von der Existenz [der Klasse; B.K./G.G.] in der Theorie zur Existenz in der Praxis« (Bourdieu 1998a: 25). Er bezieht sich dabei auf die fundamentale Einsicht, dass »Klassen« wie andere »objektive« Strukturen oder Institutionen nur dann in der sozialen Wirklichkeit existieren, wenn sie durch die Praxis, durch das Alltagshandeln der Individuen, Leben erhalten und am Leben erhalten werden. Diese Praxis jedoch hat Marx, so die Kritik Bourdieus, außer Acht gelassen.[7]

Bourdieu geht aus vom sozialen Raum, einem Raum von Unterschieden. Kriterium für soziale Unterscheidungen ist dabei zunächst die Verfügung über ökonomisches und kulturelles Kapital: In der Ausstattung mit Kapital, sowohl in der Gesamtmenge an Kapital als auch in der Art des Kapitals bzw. in der Kombination der Kapitalarten (ökonomisches und kulturelles Kapital) unterscheiden sich die Individuen. Für ihre Verortung im sozialen Raum spielt jedoch, zweitens, die relative Stellung der Individuen zueinander eine Rolle. Bourdieu illustriert dies am Beispiel des Bauern: Seine Lebensverhältnisse und Denkweisen sind nicht nur geprägt durch seine Kapitalausstattung und die damit gegebenen materiellen Existenzbedingungen, sondern auch durch den Gegensatz zum Städter. Der soziale Raum ist also nicht nur ein Raum von Unterschieden, sondern auch ein Raum von Beziehungen. Dabei interessiert nicht nur der aktuelle soziale Ort einer Person bzw. einer Gruppe von Personen in ähnlicher Lage, sondern auch deren Vergangenheit und Zukunft, deren *»trajectoire«* oder Laufbahn im sozialen Raum, also die Frage, ob es sich um sozial aufsteigende oder absteigende Personen und Gruppen handelt. Ihre besondere Bedeutung für Bourdieus Vorstellung von sozialen Klassen gewinnen die Beziehungen, die Relationen zwischen den Gruppen, wenn, drittens, danach gefragt wird, inwieweit die Distanzen zwischen den Positionen im sozialen Raum sich in Unterschieden in der Lebensführung niederschlagen, das heißt in Unterschieden des Geschmacks, der Sichtweisen der sozialen Welt und vor allem in einer sozialen Praxis, die Unterscheidungen vornimmt, Unterschiede bewertet und ihnen damit erst ihren sozialen Sinn gibt.

In dieser Verknüpfung von Klassenlage und Lebensführung ist Bourdieus zentraler Beitrag zur Klassendiskussion zu sehen. Bourdieu hat dies, geschult an Max Webers Überlegungen zu den Kategorien von Klasse und Stand, besonders in den *»Feinen Unterschieden«* ausgeführt. Solange Unterschiede der Kapitalausstattung und der materiellen Existenzbedingungen sich nicht in der Lebensführung äußern und daher auch nicht wahrgenommen werden, mehr noch: nicht im sozialen Handeln hergestellt werden, bleiben die »objektiv gegebenen« Klassen papierene Konstruktionen der Soziologie. Genau hier, bei der Verknüpfung von Klassenlage und Lebensführung, die ja eine Verknüpfung von Struktur und Handeln herstellt, kommt nun der Habitus ins Spiel: Die im Habitus eingelagerten Klassifikationen und Unterscheidungsprinzipien, Bewertungs- und Denkschemata schlagen sich nieder in den Praxen der Lebensführung; vermittelt über den Habitus werden die Dinge – Wohnungen, Bücher, Autos, Kleidung, Kunstgegenstände, Besitztitel und so weiter – und die Aktivitäten – sportliche Betätigungen, kulturelle Aktivitäten, Reisen, Geselligkeiten – umgewandelt in »distinkte und distinktive Zeichen«, werden aus »kontinuierlichen Verteilungen [...] diskontinuierliche Gegensätze: [...] geraten die Unterschiede aus der *physischen* Ordnung der Dinge in die *symbolische* Ordnung signifikanter Unterscheidungen« (Bourdieu 1982a: 284; Hervorhebungen im Original). Die unterschiedlichen Praktiken, Besitztümer, Meinungsäußerungen erhalten ihren sozialen Sinn also dadurch, dass sie etwas anzeigen, soziale Unterschiede nämlich, die Zugehörigkeit zu der einen oder zu der anderen sozialen Gruppe oder Klasse.

So weit die Bedingungen der materiellen Existenz – und damit auch ihre Lebensführung – einer Gruppe von Individuen gemeinsam sind, kann man von einem Klassenhabitus sprechen, das heißt, das Individuum hat wesentliche Elemente seines Habitus mit dem seiner Klassengenossen gemeinsam. Die soziale Lage der Individuen, die sich in ihrem Klassenhabitus ausprägt, manifestiert sich in der äußeren Erscheinung, in den Moralvorstellungen, im ästhetischen Empfinden und im Umgang mit den Produkten der Kulturindustrie – sie äußert sich in ihrem Geschmack. Bourdieu hebt als das zentrale Unterscheidungsprinzip zwischen dem Geschmack der kulturell und ökonomisch dominanten Klassen und dem der unteren Klassen den »Primat der Form über die Funktion, der letzten Endes in die Verleugnung der Funktion mündet« (ebd.: 288) hervor. Während die Lebensführung der herrschenden Klassen mit ihrem »Luxusgeschmack« (*goût de luxe*) geprägt ist von der Distanz zu Not und Notwendigkeit und der darauf sich gründenden »Stilisierung des Lebens«, ist der »Notwendigkeitsgeschmack« (*goût de nécessité*) charakteristisch für die einfachen, vor allem für die bäuerlichen und proletarischen Bevölkerungsschichten. »Kein Bereich, bis hin zu den primären Geschmacksnerven«, schreibt Bourdieu, »der nicht nach diesem fundamentalen Gegensatz gegliedert wäre – mit den Antithesen von Quantität und Qualität, Materie und Manier, Substanz und Form« (ebd.).

In den *»Feinen Unterschieden«* hat Bourdieu diesen Gegensatz vielfältig aufgefächert: So dokumentiert er den klassenspezifischen Sprachgebrauch, die nach der Klassenlage unterschiedlichen Musikpräferenzen, Vorlieben für bestimmte Kunststile, Schlager, Feriengewohnheiten und so weiter ebenso wie das Verhältnis zum eigenen Körper, zu Sportpraktiken, zu den Bildungsinstitutionen und vielem anderen mehr. Das empirische Material, das er heranzieht, stammt aus dem Frankreich der Sechziger- und Siebzigerjahre; und wenn man auch feststellen kann, dass in Deutschland (und gewiss auch im Frankreich des Jahres 2002) die Lebensgewohnheiten der Menschen andere sind – so werden heute beispielsweise andere Autos gefahren, sind andere Schlager in Mode –, so sind doch nach wie vor die gleichen Prinzipien der Unterscheidung zwischen den Klassen am Werk. Hier soll zur Veranschaulichung ein Beispiel herangezogen werden, bei dem es in der Tat um die primären Geschmacksnerven geht – die Essgewohnheiten: »In Analogie zum ›freimütigen Reden‹ könnte man in bezug auf die Unterschichten vom ›freimütigen Essen‹ sprechen. Essen steht hier unter dem Zeichen der Fülle (was Beschränkungen und Grenzen nicht ausschließt), vornehmlich aber der Freizügigkeit: auf den Tisch des Hauses kommen ›elastische‹ und ›reichlich vorhandene‹ Speisen – Suppen und Soßen, Nudeln und Kartoffeln [...] – die, mit Löffel oder Schöpfkelle serviert, gar nicht erst den Eindruck aufkommen lassen, man müsse streng bemessen oder abzählen, ganz im Unterschied zu allem, was wie Braten geschnitten werden muß. [...] gemeinhin [wird] auch nicht auf strikten Ablauf der einzelnen Gänge geachtet – es wird nahezu alles auf einmal aufgetischt [...], was zur Folge hat, daß die Frauen manchmal schon bei der Nachspeise sind (wie die Kinder, die sich samt Teller vor den Fernseher setzen), während die Männer gerade mit dem Hauptgang fertig sind oder ›Junior‹, zu spät gekommen, rasch noch seine Suppe löffelt« (ebd.: 313f.). »Dem ›freimütigen‹, ungezwungenen Essen der ›einfachen Leute‹ setzt der Bourgeois sein Bemühen um *formvollendetes* Essen entgegen. ›Formen‹ sind zunächst einmal geregelte Abläufe, die Warten, Zögern, Zurückhaltung beinhalten: vermieden werden muß der Eindruck, als stürze man sich auf die Speisen; man wartet ab, bis auch der letzte sich aufgetan hat und zu essen beginnt [...] Gegessen wird streng nach Speiseordnung, sie schreibt vor, was zusammen auf den Tisch gestellt werden darf, was auf keinen Fall: Braten und Fisch, Käse und Dessert. Keine Nachspeise, bevor nicht alles übrige – einschließlich des Salzstreuers – vom Tisch geräumt und die Krümel weggewischt sind. Dieses Verhalten, das Reglement in all seiner normativen Strenge bis in den Alltag hinein zu verlängern [...], sich der Trennung von häuslicher Intimsphäre und öffentlicher Sozialsphäre, von Alltäglichem und Unalltäglichem (bei den unteren Klassen damit assoziiert, daß man sich in den Sonntagsstaat wirft) zu widersetzen [...], ist Ausdruck eines besonderen, nicht ablegbaren Habitus« (ebd.: 315f., Hervorhebung im Original).

Dabei dient der proletarische Lebensstil dem Bürger und vor allem dem Kleinbürger als Negativfolie, als ein Lebensstil, auf den man sich nur bezieht, um sich davon abzusetzen. Mit ihrem Verhalten bestätigen die Angehörigen der unteren Klassen die bürgerlichen und kleinbürgerlichen Klassen in ihrem »Klassenrassismus«, das heißt in ihrer Überzeugung, dass jene genau das haben, was sie verdienen: »Nicht genug damit, dass sie [die proletarischen Bevölkerungsschichten; B.K./G.G.] nahezu keine Kenntnisse und kein Betragen ihr Eigen nennen können, die auf dem Markt der schulischen Examina oder der Salongespräche Geltung besitzen, [...] sind sie zudem noch abgestempelt als jene, ›die nicht zu leben verstehen‹, die das meiste für ihr leibliches Wohl hergeben, dazu noch für schwerstverdauliche, fetteste und fettmachende Nahrungsmittel [...]; als jene [...], die ihre Zelte auf überfüllten Campingplätzen aufschlagen, sich zum Picknick am Rande der Nationalstraßen niederlassen, zu Ferienbeginn mit ihren Renaults 5 oder Simca 1000 den Staus ausliefern, die sich vorgestanzten Freizeitvergnügungen hingeben, für ihren Bedarf entwickelt von Ingenieuren der serienmäßigen kulturellen Massenproduktion« (ebd.: 292).

Diese auf den Gegensatz von Form und Funktion gegründeten Lebensstile sind nun nicht einfach etwas Äußerliches, wie es die Rede vom Lebens*stil* nahe legen mag. Die klassenspezifischen Geschmäcker, wie der Luxusgeschmack und der Notwendigkeitsgeschmack, sind nicht einfach ›Geschmackssache‹, vielmehr manifestiert sich darin jeweils eine ganz andere Beziehung zur Welt, aber auch ein anderes Verhältnis zu sich selbst und zum eigenen Körper. Der Geschmack als ›Körper gewordene Klasse‹ verweist auf unterschiedliche Vorstellungen von menschlicher Vollkommenheit. Der Körper ist die sinnliche Manifestation der Person, er gilt als der natürliche Ausdruck der Identität des Individuums. So ist das Körperbild, die Vorstellung vom eigenen Körper und der Umgang mit ihm zwar gesellschaftlich produziert, doch berührt das, was als ›Geschmackssache‹ im Verhältnis zum eigenen Körper erscheinen mag, das Individuum ›ganz persönlich‹, in seiner ganzen Identität. In der Gegenüberstellung der »Gezwungenheit« und »Gehemmtheit« des Kleinbürgers und der »Ungezwungenheit« des Bourgeois macht Bourdieu die Wirkung der unterschiedlichen Lebensverhältnisse auf das Verhältnis zum eigenen Körper deutlich. Beide Klassen, die Kleinbürger wie die Bourgeois, erkennen dasselbe Bild von »legitimer Körpergestalt und Haltung« an, haben jedoch höchst unterschiedliche Voraussetzungen, dieses Bild zu realisieren: »Obgleich nicht nur der Kleinbürger über sie verfügt, erweist sich die typisch kleinbürgerliche Erfahrung der Sozialwelt zunächst als *Schüchternheit*, als *Gehemmtheit* dessen, dem in seinem Leib und seiner Sprache nicht wohl ist, der beides, statt mit ihnen eins zu sein, gewissermaßen von außen, mit den Augen der anderen betrachtet, der sich fortwährend überwacht, sich kontrolliert und korrigiert, der sich tadelt und züchtigt und gerade durch seine verzweifelten Versuche zur Wiederaneignung eines entfremdeten ›Seins-für-den-Anderen‹ sich dem Zugriff der anderen preisgibt, der in seiner Überkorrektheit so gut sich verrät wie in seiner Ungeschicklichkeit [...] Auf der Gegenseite setzt die *Ungezwungenheit*, diese Art Gleichgültigkeit gegenüber dem vergegenständlichenden

Blick der anderen und darin Neutralisierung von deren Macht, die aus der Gewißheit gewonnene *Selbstsicherheit* voraus, [...] in der Lage zu sein, die Normen der Wahrnehmung des eigenen Körpers durchzusetzen« (ebd.: 331; Hervorhebungen im Original).

Die objektiv gegebenen Möglichkeiten und Notwendigkeiten, die die Klassenlage ausmachen, bestimmen nicht nur das Verhältnis der Individuen zur Welt, ihren Geschmack und ihre Lebensgewohnheiten, also ihre aktuelle Praxis, sondern auch ihre Zeithorizonte, ihre Hoffnungen und Erwartungen für die Zukunft und ihre Strategien der Reproduktion oder Veränderung ihrer sozialen Lage.

Mit diesen auf die Zukunft gerichteten Strategien hat sich Bourdieu vor allem im Zusammenhang mit der Schule beschäftigt, der gesellschaftlichen Institution, die in der modernen Gesellschaft als die ›Zukunftsmaschine‹ *par excellence* gelten kann. Die Investition in Bildung ist nicht nur der zentrale Ort für die berufliche Platzierung der Individuen und damit ihrer gesamten Lebenschancen geworden, sie ist auch der wichtigste Mechanismus sozialen Aufstiegs. Das öffentliche Bildungswesen lebt von dieser auf die individuelle Zukunft gerichteten Bedeutung, und seine Legitimität ebenso wie die seiner Selektions- und Bewertungsprozeduren gründet sich wesentlich auf die Behauptung von Chancengleichheit. Diese aber ist weitgehend Illusion, wie Bourdieu schon in seinen frühen, mit Jean-Claude Passeron verfassten Arbeiten zum Bildungswesen gezeigt hat (Bourdieu/Passeron 1964b, 1970, 1971b). In der Regel fehlen denen, die über Bildungskapital in nennenswertem Umfang nicht verfügen, die ›richtigen‹ Informationen für eine in die höchsten Positionen führende Bildungsinvestition, es fehlt ihnen die Vertrautheit mit den Strukturen und Werten der Schule, und wo diese nicht fehlt, wie zum Beispiel in den Familien der Lehrer oder der kleinen Beamten, da fehlen ihnen die materielle Sicherheit und auch die Sicherheit des Habitus, die jene riskanten Bildungswege ermöglichen würden, die den höchsten Gewinn versprechen: Man sieht, »was die abstrakte Information, die ein Abiturient aus den unteren und mittleren Bevölkerungsschichten über knappe Positionen von einer spezialisierten Beratungsinstitution erhalten kann, von der *Vertrautheit* unterscheidet, die einem der herrschenden Klasse entstammenden Kind der selbstverständliche Umgang mit Leuten vermittelt, die diese Positionen innehaben [...] Es ist kein Zufall, daß an allen Gabelungen des Bildungsweges [...] eine ›Wahl‹ zu treffen ist zwischen den Strategien des Rentiers, der die Maximierung der Sicherheit durch Absicherung des bereits Erreichten anstrebt, und den Strategien des Spekulanten, der auf die Maximierung des Profits abzielt: Die risikoreichen und damit oft auch die prestigeträchtigen Bildungslaufbahnen und Berufskarrieren haben immer ein weniger ruhmvolles ›Gegenstück‹, das denen überlassen bleibt, die nicht genügend (ökonomisches, kulturelles und soziales) Kapital haben, um das Risiko einzugehen, bei dem Versuch, alles zu gewinnen, alles zu verlieren – ein Risiko, das man nur dann eingeht, wenn man sicher ist, niemals alles zu verlieren« (Bourdieu 1981b: 179f.; Hervorhebung im Original).

Die unterschiedlichen Weltsichten und Einstellungen zur Zukunft sind tief im Klassenethos verwurzelt, in den jeder Klasse eigenen Vorstellungen vom ›richtigen‹ Handeln, vom ›richtigen‹ Sein, kurz, von einem spezifischen, moralisch fundierten Verhältnis zur Welt. So ist der ›praktische Materialismus‹ der unteren Klassen Bestandteil einer moralischen Haltung zur Welt: Er richtet sich auf das Hier und Jetzt, darauf, »die günstigen Augenblicke auszunutzen und die Zeit zu nehmen, wie sie kommt«. In diesem »Gegenwärtigsein im Gegenwärtigen« manifestiert sich auch eine Art der Solidarität (Bourdieu 1982a: 296f.) – es geht nicht darum, sich von denen abzugrenzen oder abzusetzen, die in den gleichen sozialen Verhältnissen leben, die gleichen Vorlieben und Gewohnheiten haben, also beispielsweise im Trainingsanzug herumlaufen und Plastiksocken tragen, und mit denen man sich an der Imbissbude und zu Ferienbeginn im Stau wiederfindet. Der »bescheidene Geschmack« des Kleinbürgers, »der Verlangen und Lust des Augenblicks künftigen Wünschen und Befriedigungen zu opfern vermag« (ebd.), steht hierzu in krassem Gegensatz. Ihm geht es nicht um die Gegenwart, sondern um die Zukunft, um seine eigene oder die seiner Kinder: »Der ambitionierte Kleinbürger verrät seinen Ehrgeiz, sich von dem, was gemeinsame Gegenwart ist, loszureißen, darin, daß er es sich versagt, – mit den anderen – im Hier und Jetzt zu leben, wenn er nicht überhaupt sein Selbstbild um den Gegensatz zwischen Heim und

Café, Enthaltsamkeit und Unmäßigkeit, und das heißt auch, um den zwischen individuellem Wohl und kollektiver Solidarität aufbaut« (ebd.).

Die in den Lebensstilen zu beobachtenden Unterschiede zwischen den Angehörigen der verschiedenen Klassen sind nun, so argumentiert Bourdieu, auf den Habitus zurückzuführen, mehr noch, sie sind ohne den Habitus nicht zu erklären. Der in der Argumentation von Marx enthaltene »Salto mortale« ist nur zu überwinden, wenn man ein logisches Zwischenglied zwischen den objektiven Lebensverhältnissen – der Klassenlage – und der klassenspezifischen Lebensführung einführt: den Habitus als das generierende Prinzip, das die vielfältigen, differenzierten und spontanen Praxen der handelnden Subjekte hervorbringt. Wer in der Wohlhabenheit, in ökonomischem und kulturellem Reichtum, in der damit gegebenen Sicherheit und Freiheit aufgewachsen ist, entwickelt nicht nur einen anderen Geschmack, sondern auch ein anderes Verhältnis zur Welt als jemand, der von frühester Kindheit an mit Not und Notwendigkeit, mit Distanz zu den Produkten der Hochkultur, mit sozialer Unsicherheit ebenso wie mit der Notwendigkeit des Sich-Wegduckens und Stillhaltens gegenüber den Einflussreichen und Mächtigen konfrontiert war. Er oder sie entwickelt einen Habitus, in dem sich die frühen Erfahrungen des sozialen Orts, in den er/sie hineingeboren wurde, eingelagert haben; einen Habitus, der bestimmte Wünsche, Zeithorizonte, Aspirationen, Umgangsweisen mit der Welt eröffnet und andere ausschließt. Und indem im Habitus die Vergangenheit des Individuums fortwirkt, die den Habitus gestaltet und geformt hat, bringt er Orientierungen, Haltungen, Handlungsweisen hervor, die die Individuen an den ihrer Klasse vorgegebenen sozialen Ort zurückführen – sie bleiben ihrer Klasse verhaftet und reproduzieren sie in ihren Praxen.

Der Habitus produziert nicht nur einen Geschmack, Praxen und Handlungsweisen, die der gegebenen sozialen Lage, aus der er hervorgegangen ist, im Vorhinein schon angepasst sind; er bewirkt auch, dass man mag, was man hat – einen Umstand, den Bourdieu auch als *»amor fati«* bezeichnet, als Wahl oder Annehmen des Schicksals. Nicht nur, dass man sich den Verhältnissen fügt, man macht sogar aus der Not eine Tugend. Wer die leichten, abwechslungsreichen Speisen der oberen Klassen gewöhnt ist, mit ihren Salaten und Gemüsen, mit Fisch und magerem Fleisch aus kontrollierter Zucht, mag keine fetten Würste und keine Ravioli aus der Dose, keine Eintopfgerichte mit dicken Mehlsoßen und undefinierbaren, fettigen Fleischbrocken. Und wer auf seine Gesundheit, seinen Körper und seine Körperhaltung achtet, verachtet das Sich-gehen-Lassen beim Essen, in der Kleidung, im öffentlichen Auftreten, in der Sprache, das für andere zur Gemütlichkeit und zum vertrauensvollen Umgang mit anderen gehört. Umgekehrt wird, wer die Unkompliziertheit und Geselligkeit der Wohnküche schätzt, das Essen im Speisezimmer und unter Einhaltung formeller Tischsitten als gezwungen, manieriert und ungemütlich empfinden, und er wird ein herzhaftes Gericht allemal den auf großen Tellern angerichteten Mini-Portionen der so genannten ›neuen Küche‹ oder auch dem Grünzeug gesundheitsbewusster Damen vorziehen. »Der Geschmack bewirkt, daß man hat, was man mag, weil man mag, was man hat, nämlich die Eigenschaften und Merkmale, die einem de facto zugeteilt und durch Klassifikation de jure zugewiesen werden« (Bourdieu 1982a: 285f.).

Wie verhält es sich nun aber mit dem Habitus bei sozialem Aufstieg? Anders als hin und wieder unterstellt wird, ist Bourdieu weit davon entfernt zu leugnen, dass es individuellen sozialen Aufstieg gibt; immerhin ist dieser, worauf Bourdieu zuletzt in seiner teilweise recht persönlich gehaltenen Abschiedsvorlesung hingewiesen hat, charakteristisch für seine eigene *»trajectoire«*, seinen eigenen Lebensverlauf (vgl. Bourdieu 2001). Er diskutiert diese Frage vor allem am Beispiel der Mittelschichten, deren Lebensverhältnisse ja durch den Anspruch auf sozialen Aufstieg, d.h. aber auch durch die »Widersprüche zwischen objektiv dominierter Soziallage und der Aspiration auf Teilnahme und Teilhabe an den dominanten Werten« (Bourdieu 1982a: 394) zu charakterisieren sind. Zunächst macht er darauf aufmerksam, dass sich der individuelle soziale Aufstieg als Phänomen von einiger gesellschaftlicher Bedeutung in der Regel im vorgezeichneten Rahmen des Aufstiegs der Klasse bewegt, also ihrer Positionsverlagerung im sozialen Raum. So sind Veränderungen in der Wirtschafts- und Berufsstruktur die Voraussetzung dafür, dass beispielsweise die Söhne und Töchter von Bäckern nicht mehr selbst Bäcker werden, sondern im expandierenden Kultursektor Arbeit und Lohn finden und Journalisten werden oder Abenteuerreisen organisieren. Getragen wird diese Entwicklung vor allem von der Expansion des Bildungswesens.

Die Klassenlage der Mittelschichten ist vor allem durch die Chancen des sozialen Aufstiegs geprägt – Chancen, die zwar objektiv gering sind, sich durch den unbedingten Willen zum Aufstieg faktisch jedoch vergrößern und damit realisiert werden können. In der Formulierung Bourdieus: »Die Kleinbürger lassen sich paradoxerweise nur im Hinblick auf ihre *objektiven* Chancen definieren, über die sie wiederum nicht verfügten, hätten sie nicht auch den entsprechenden Ehrgeiz und fügten sie nicht ihrem ökonomischen und kulturellen Kapital ›moralische‹ Ressourcen hinzu. Dem Proletariat, ihrer Vergangenheit, entronnen und der Bourgeoisie, ihrer Zukunft, zugewandt, müssen sie, um die für diesen Anstieg notwendige Akkumulation zu vollenden, irgendwo die zum Ausgleich des fehlenden Kapitals unerläßlichen Hilfsmittel mobilisieren« (ebd.: 520; Hervorhebung im Original). Diese besondere Klassenlage manifestiert sich in einem Habitus, der vor allem durch Askese auffällt, durch eine Haltung, die um den Preis gegenwärtiger Entbehrungen alle Anstrengungen darauf richtet, die für die Zukunft verheißenen Befriedigungen zu realisieren. In ihre Dispositionen, ihr Verhältnis zur Welt, gehen nicht nur ihre aktuellen Lebensverhältnisse ein, sondern vor allem der mögliche und wahrscheinliche Lebensverlauf, der eine Art virtuellen Fluchtpunkt zum Bezug des Handelns in der Gegenwart macht.

Bourdieu vergleicht die soziale Lage der Mittelschichten und den daraus erwachsenden Habitus mit dem Aufstieg des Bürgertums in der Geschichte: »Die aufsteigende Kleinbourgeoisie wiederholt unaufhörlich die geschichtlichen Anfänge des Kapitalismus und kann dabei, ganz wie die Puritaner, nur auf ihre Fähigkeit zur Askese zählen. Dort, wo andere wirkliche Garantien, Geld, Bildung oder Beziehungen für sich sprechen lassen können, hat sie nur moralische Garantien auf ihrer Seite; verhältnismäßig arm an ökonomischem, kulturellem und sozialem Kapital, kann sie ihre ›Ansprüche‹ nur ›nachweisen‹ und sich damit Aussichten auf deren Realisierung eröffnen, wenn sie bereit ist, dafür durch Opfer, Verzicht, Entsagung, Eifer, Dankbarkeit – kurz: durch Tugend zu zahlen« (ebd.: 527f.).

Anknüpfend an Bachelard (vgl. Bachelard 1978) spricht Bourdieu hier auch von einer »Kausalität des Wahrscheinlichen«: Die Welt, in der wir leben, ist ein Raum der Möglichkeiten, das heißt, die Zukunft, auf die sich unser Handeln richtet, enthält eine Vielzahl möglicher Welten. Durch unser Handeln wird eine dieser möglichen Welten realisiert. Zugleich ist die Vielzahl möglicher Welten zu jedem Zeitpunkt durch die jeweils wirkliche Welt, durch die gegebenen sozialen Verhältnisse begrenzt, und einige Möglichkeiten sind wahrscheinlicher als andere. Vor allem sind sie nicht für alle sozialen Akteure gleichermaßen wahrscheinlich: »Die ökonomische und soziale Welt – Positionen, die man einnehmen, Bildungswege, die man einschlagen, Güter, die man konsumieren, Besitztümer, die man kaufen, und Frauen, die man heiraten kann usw. – nimmt niemals [...] die Gestalt eines Universums von Möglichkeiten an, die jedem beliebigen Subjekt gleichermaßen offen stehen« (Bourdieu 1981b: 180). Indem der aufstrebende Kleinbürger sein Handeln auf die Möglichkeit des Aufstiegs ausrichtet, die ja in seinem Falle eine Möglichkeit von hoher Wahrscheinlichkeit ist, realisiert er seine »wahrscheinliche Zukunft« durch sein eigenes Handeln. Andere soziale Akteure, mit denen er auf seinem Weg nach oben zu tun hat, tragen dazu bei, seinen möglichen Aufstieg Wirklichkeit werden zu lassen, antizipieren doch auch sie seine »wahrscheinliche Zukunft« als solche und handeln entsprechend – so schätzt die Lehrerin seine Anerkennung der schulischen Werte, der Chef seine Tüchtigkeit und seine schier grenzenlose Leistungsbereitschaft, und die Ehefrau, ihrerseits orientiert an künftigen Befriedigungen, ›hält ihm den Rücken frei‹. Die objektive Wahrscheinlichkeit des Aufstiegs wirkt ›kausal‹, indem sie einen Habitus hervorbringt, der seinerseits die »wahrscheinliche Zukunft« antizipiert und ein entsprechendes Handeln generiert.

Seinen Habitus, der ja die persönliche und soziale Identität eines Individuums ausmacht, kann man nun, wenn sich die individuellen Lebensverhältnisse verändern, nicht einfach wechseln wie ein Kleid. Wenn auch die Schule viel zu einer Transformation der

Verhaltensweisen und des Geschmacks beiträgt und, als die wichtigste Instanz des sozialen Aufstiegs, mit ihren Bedingungen und Werten – insbesondere mit dem für sie charakteristischen Leistungsprinzip – nahezu fraglos anerkannt wird, so bedeuten die damit verbundenen Veränderungen des Habitus gerade im Falle des Kleinbürgertums weniger eine radikale Umstrukturierung als vielmehr eine Weiterentwicklung, Modifikation, an kulturellen Werten orientierte Variation des kleinbürgerlichen Habitus. Bourdieu beschreibt die über das Bildungssystem aufgestiegenen Kleinbürger als »unsicher in ihren Wertungen, halb ihren Neigungen, halb ihrer Bildungsbeflissenheit folgend« (Bourdieu 1982a: 511); als charakteristisch für ihren Habitus gelten ihm ein »Konformismus, der sich an Autoritäten und Verhaltensmuster klammert und sich ans Bewährte und als wertvoll Beglaubigte hält« (ebd.: 519). Die folgende Episode mag dies illustrieren: Einen durch hart erarbeitete gute Schulleistungen zum Soziologie-Professor aufgestiegenen Briefträger-Sohn befielen tiefe Zweifel, als er bei dem jungen Diplom-Soziologen, den er als Mitarbeiter einstellen wollte, das Abiturzeugnis sah: Konnte dieser junge Mann, dem er eben erst bei der Begutachtung der Diplomarbeit herausragende soziologische Fähigkeiten attestiert hatte, den er auch als studentischen Mitarbeiter kannte und schätzte, wirklich ein guter Soziologe sein – wo er doch nur einen Abiturnoten-Durchschnitt von 3,2 aufzuweisen hatte? Gegenüber dem Verdikt der Institution, an die man glaubt, weil man ihr alles verdankt, ist das eigene Urteil nichts.

So bleibt, trotz aller Arbeit an sich selbst, der Habitus des Journalisten, der einmal der aufstrebende Sohn eines Bäckers war, ebenso wie der Habitus der Lehrerin, die aus einer Polizistenfamilie stammt, von den Bedingungen seiner Entstehung geprägt: von der Anstrengung des Aufstiegs, von den Entsagungen auf dem Weg nach oben, von der Sorge um den Eindruck, den er und sie auf die anderen machen, und vor allem von dem Bestreben, ihre Herkunft, ihre Geschichte und ihre Nähe zu den unteren Klassen zu vergessen und unsichtbar zu machen. Die mit der Aspiration des Aufstiegs verbundenen Dispositionen wie etwa das Bemühen, zu zeigen oder den Eindruck zu vermitteln, man ›gehöre dazu‹, führen zu einer Unsicherheit, die man nicht so leicht ablegt, und häufig auch dazu, dass man des Guten zu viel tut. Von dieser Unsicherheit leben Lifestyle-Magazine, ›angesagte‹ Kneipen, Frisöre, ganze Industriezweige, die ihre Produkte mit einem deutlich sichtbaren Marken-Label und ihre Werbung mit speziellen Lebensstil-Attributen versehen, und auch noch jene Firmen, die diese ›Marken‹ plagiieren. Und was anderes als die Sorge um das Unsichtbarmachen der eigenen Vergangenheit spricht aus der Häme, mit der Sportreporter das Erscheinungsbild eines (erfolgreichen!) Fußball-Trainers kommentieren, der zum Bundesliga-Spiel seiner Mannschaft in der traditionellen Arbeitskleidung, im Trainingsanzug, oder in der sportlichen Lederjacke erscheint statt im heutzutage vorgeschriebenen Nadelstreifen-Anzug?

Habitus und Geschlecht

Die Arbeitsteilung zwischen Mann und Frau ist in allen uns bekannten Gesellschaften ein grundlegendes Strukturierungsprinzip, ein Strukturierungsprinzip zudem, das ein Herrschaftsverhältnis impliziert. Wenn sich verschiedene Gesellschaften auch deutlich darin unterscheiden, was jeweils als männlich, was als weiblich gilt, so gehört die Klassifikation von Dingen, Handlungsweisen, Personen und persönlichen Merkmalen nach der Unterscheidung in männlich und weiblich auch in der modernen Gesellschaft zu den Selbstverständlichkeiten der sozialen Praxis. Bourdieu kann als einer der wenigen Soziologen gelten, die diesen Umstand in ihren Arbeiten immer berücksichtigt haben. In zwei Anläufen hat er sich darüber hinaus mit dem Geschlechterverhältnis selbst beschäftigt: Seine Untersuchung zur männlichen Herrschaft wurde zunächst als Aufsatz veröffentlicht (Bourdieu 1990a, dt. 1997a), in stark überarbeiteter Form dann als Buch (Bourdieu 1998b). Wie bei seinen Arbeiten zur Reproduktion der Klassenstruktur geht es ihm auch bei der männlichen Herrschaft darum zu zeigen, wie die sozialen Subjekte – Männer *und* Frauen – in ihrer sozialen Praxis, in ihrem Denken und Handeln das Geschlechterverhältnis reproduzieren, modifizieren, weiterentwickeln (vgl. dazu ausführlich Krais 1993). Und wie bei seinen Überlegungen zum Verhältnis von Klassenlage und Lebensführung ist auch hier der Habitus der Operator, das generative Prinzip, das zwischen der sozialen Struktur der Zweigeschlechtlichkeit und dem Handeln der Individuen vermittelt – in diesem Fall einem Handeln, das als *doing gender* beschrieben wird.

In seiner Studie zur männlichen Herrschaft zeigt Bourdieu mit großer analytischer Schärfe die gesellschaftliche Macht des Prinzips ›Geschlecht‹ auf (vgl. dazu Krais 2001b). Im Rückgriff auf seine frühen Analysen der kabylischen Gesellschaft, deren soziale und kosmische Ordnung sich auf eine grundlegende Teilung aller Objekte und Aktivitäten entsprechend dem Gegensatz von männlich und weiblich gründet, erläutert Bourdieu, wie die männliche Herrschaft als alltägliche Struktur und Aktivität funktioniert: Eine vergeschlechtlichte Sicht der Welt lagert sich in unseren Habitus ein. So ist der Habitus zutiefst und unentrinnbar geprägt durch eine soziale Praxis der Klassifikation, die männlich und weiblich als polaren Gegensatz konstruiert; auf der anderen Seite zwingt der Habitus unserem Handeln die ständige Anwendung jener Klassifikation auf. Bourdieu findet dafür eine schöne Metapher: »Das Geschlecht ist eine ganz fundamentale Dimension des Habitus, die, wie in der Musik die Kreuze oder die Schlüssel, alle mit den fundamentalen sozialen Faktoren zusammenhängenden sozialen Eigenschaften modifiziert« (Bourdieu 1997c: 222).

Einen geschlechtsspezifischen Habitus, und das heißt, eine Identität, in der die jeweils gegebene Arbeitsteilung zwischen den Geschlechtern verinnerlicht, ja verkörpert wird und personale Gestalt annimmt, entwickelt jeder Mensch von Beginn seines Lebens an. Da sich die soziale Identität der Subjekte von vornherein nur als männliche *oder* als weibliche ausbilden kann und sich dies an bereits vor der Geburt ausgeprägte körperliche Merkmale knüpft, gehört das Geschlechterverhältnis zu den frühesten Schemata sozialer Differenzierung, in die das Kind in seiner sozialen Interaktion einbezogen ist. Wichtig für das Verständnis der Aneignung eines geschlechtsspezifischen Habitus ist nun, dass Mann-Sein oder Frau-Sein als antagonistische, das heißt als entgegengesetzte Identitäten konstruiert sind; anders als bei den sozialen Klassen der modernen Gesellschaft ist ›Geschlecht‹ als polarer Gegensatz konstruiert, nicht als Klassifikationssystem mit unterschiedlichen Abstufungen oder Möglichkeiten wie etwa die Farbenskala. Geschlechtliche Identität ist Ergebnis einer Arbeit der Differenzierung, Unterscheidung und Distinktion, einer Arbeit, die aus Vereinfachungen, Ausschließungen, aus der Unterdrückung von Uneindeutigkeiten entlang einem antagonistischen Schema von männlich und weiblich besteht. Freud hat vom Kind gesagt, es sei in seiner Sexualität »polymorph pervers«; dieses Vielgestaltige, Diffuse, Uneindeutige wird im Sozialisationsprozess in eine von zwei möglichen geschlechtlichen Identitäten transformiert. Der Raum des Möglichen – was Handlungen, Gefühle, Erlebnisweisen, Bewertungen, expressive Akte, verbales und körperliches Verhalten angeht – wird für Angehörige beider Geschlechter eingegrenzt. ›Weibliche‹ Dispositionen des Jungen werden unterdrückt, ebenso ›männliche‹ Dimensionen des Handelns bei Mädchen. Der Prozess, in dem ein geschlechtsspezifischer Habitus erworben wird, lässt sich beschreiben als die ständige Orientierung von Handlungen, Signalen, Wahrnehmungen und so weiter an einem binären Code, bei der ständig ›die andere‹ von zwei Möglichkeiten des Seins verworfen und aus dem Bereich der eigenen Möglichkeiten ausgeschlossen wird. Frau *und* Mann werden in ihren Möglichkeiten eingeschränkt, vereinseitigt, abgeschnitten vom Reichtum menschlicher Handlungs- und Erlebnisweisen.

Die geschlechtsspezifische Prägung des Habitus gehört zu den grundlegenden Elementen der sozialen Identität einer Person. Sie affiziert das Individuum in dem, was ihm stärker als alles andere als ›Natur‹ des Menschen gilt: in seinem Körper. Dass gerade dieses kulturelle Muster nicht als solches, sondern als durch und durch naturgegeben, als ›natürlich‹ wahrgenommen wird, ist nach Bourdieu umso leichter möglich, als es auf der Teilung der geschlechtlichen Arbeit – im Sexualakt und in der Reproduktion der Gattung – beruht und insofern eine körperliche Grundlage hat, im Unterschied etwa zu den Schemata der Klassendifferenzierung. Mehr noch, die Arbeitsteilung zwischen Mann und Frau objektiviert sich in einem fundamentalen Sinn, da sie sich verkörperlicht, in den Körpern der Individuen Gestalt annimmt. Die Unterscheidung in männlich und weiblich bewirkt auch die Formung und Gestaltung des Körpers entsprechend dieser Unterscheidung, sie prägt die Körperwahrnehmung, die Ausdrucksmöglichkeiten und die Gewohnheiten des Körpers, bestimmt daher auch Identität vom Körper her, und zwar als männlich *oder* weiblich – das Geschlechterverhältnis ist, wie Bourdieu schreibt, somatisiert. Mit diesem körperlichen Bezugspunkt ist die Arbeitsteilung zwischen den Geschlechtern nicht nur so tief und fest im Habitus verankert wie nur möglich, sie macht auch wie keine andere gesellschaftliche Struktur vergessen, dass sie gesellschaftliche, und das heißt von den Menschen selbst produzierte und beständig reproduzierte Struktur ist: Sie gibt sich als ›natürliche‹ Ordnung der Welt. Bei der männlichen Herrschaft handelt es sich, so Bourdieu, um nichts anderes als um die »Somatisierung gesellschaftlicher Herrschaftsverhältnisse« (Bourdieu 1997a: 173).

Über den Habitus bestimmt die soziale Konstruktion des Geschlechterverhältnisses Körpervorstellung und Körpererleben, sinnliche Wahrnehmung, die Möglichkeiten, Freude und Leiden zu fühlen und auszudrücken. Was mit dem Körper zu tun hat, rührt, auch wenn es sich um scheinbar banale, völlig ›äußerliche‹ Dinge handelt, unmittelbar an die Identität der Person.[8] Ein schönes Beispiel hierfür findet sich in den »*Feinen Unterschieden*« bei der Darstellung der klassenspezifischen Essgewohnheiten, die zugleich geschlechtsspezifisch konnotiert sind: »Ist Fisch z.B. nichts für den Mann aus den unteren Klassen, dann nicht allein deshalb, weil es sich dabei um eine leichte Kost handelt, die ›nicht vorhält‹. [...] Nicht zuletzt [...] will Fisch auf eine Weise gegessen sein, die in allem dem männlichen Essen zuwiderläuft; mit Zurückhaltung, maßvoll, in kleinen Happen, durch sachtes Kauen mit dem *Vordermund* und Zungenspitze (wegen der Gräten). [...] die gesamte männliche Identität – und das heißt: Virilität – [steht] auf dem Spiel. Ob mit leicht verkniffenen Lippen und von Häppchen zu Häppchen, wie die Frauen, denen es geziemt, *wenig* und *ohne Appetit* zu essen – oder mit vollem Mund und mit kräftigem Biß, wie es den Männern ansteht« (Bourdieu 1982a: 308; Hervorhebungen im Original). Gerade das geschlechtsspezifische Körperverhalten ›sitzt‹ offenkundig besonders fest: Selbst ein Extremfall wie der der Transsexualität, bei dem man wohl eine von Anfang an uneindeutige geschlechtliche Identität annehmen muss, macht deutlich, wie schwierig die grundlegende Reorganisation des Habitus ist. Experten für Sprach- und Körpertraining berichten von nahezu unüberwindlichen Problemen bei der Aneignung eines ›anderen‹, dem neuen Geschlecht zugehörigen Körperverhaltens von Transsexuellen; insbesondere scheint es leichter zu sein, das zur früheren geschlechtlichen Identität gehörende Körperverhalten zu ›vergessen‹, als sich einen neuen, ›natürlich‹ wirkenden Habitus anzueignen (vgl. Hirschauer 1989: 109ff.).

Bourdieu macht mit seiner Arbeit zum Geschlechterverhältnis noch auf einen weiteren Aspekt gesellschaftlicher Praxis aufmerksam, der nur in den Blick kommt, wenn mit dem Habitus-Konzept gearbeitet wird. Er setzt sich hier ausführlich mit der symbolischen Gewalt auseinander, die »das Essentielle der männlichen Herrschaft ausmacht« (Bourdieu 1997a: 166). In seinem Interview anlässlich der deutschen Übersetzung des Aufsatzes über die männliche Herrschaft stellt er fest, dass die symbolische Gewalt – die er auch als »sanfte Gewalt« charakterisiert – ein sehr allgemeiner, »moderner« Modus der Herrschaftsausübung ist, dessen volle Bedeutung sich ihm erst bei der Analyse der männlichen Herrschaft erschlossen hat: Die »männliche Herrschaft ist in gewissem Sinne der geeignetste Gegenstand, um diese modernen Herrschaftsformen zu begreifen« (Bourdieu 1997c: 220).

Das Konzept der symbolischen Gewalt taucht bereits in früheren Schriften auf (Bourdieu 1972, 1980), wird hier jedoch in seinem analytischen Potential erst richtig entfaltet. Symbolische Gewalt ist eine Gewalt, die in der *face-to-face*-Interaktion zum Tragen kommt, Herrschaft also in der unmittelbaren Interaktion zwischen Personen konstituiert und reproduziert. Vor allem aber handelt es sich dabei um eine Gewalt, die nicht als solche erkannt wird; sie ist ein subtiler, unsichtbarer, wie mit dem Weichzeichner geschönter Modus der Herrschaftsausübung, eine verdeckte Form der Gewalt: Sie ist nichts anderes als die Realisierung einer Sicht der Welt oder einer sozialen Ordnung, die zugleich im Habitus der Herrschenden wie der Beherrschten verankert ist. Sie setzt also voraus, dass subjektive Strukturen – der Habitus – und objektive Verhältnisse im Einklang miteinander sind, dass inkorporiert ist, ›was sich gehört‹. Symbolische Gewalt impliziert insofern bei den Beherrschten ein gewisses »Einverständnis«, da sie

»nur auf Menschen wirken kann, die (von ihrem Habitus her) für sie empfänglich sind, während andere sie gar nicht bemerken« (Bourdieu 1990b: 28). Dieses »Einverständnis« ergibt sich nur, wenn beide Akteure in ihrem Habitus jene symbolische Ordnung eingelagert haben, die korrespondierende Handlungen hervorbringt.

Ein wesentliches Element symbolischer Gewalt liegt damit noch vor der Interaktion, in der sie sich manifestiert, nämlich darin, dass die Unterdrückten, in diesem Fall die Frauen, nicht anders können als mit der Inkorporation der geltenden Ordnung sich selbst als minderwertige Subjekte zu identifizieren. Herrschaft heißt auch, dass die der Herrschaft unterliegenden Subjekte über weite Strecken die ›herrschende Meinung‹, die Sicht der Welt übernehmen, die die Herrschenden entwickelt haben, und damit ein von diesen geprägtes Selbstbild. Die Sicht der Männer auf Frauen, ihre Setzung des Männlichen als des Universellen, des Weiblichen als des Besonderen, Partikularen, Abweichenden, und die von dieser Sichtweise her entwickelten Dichotomien und Klassifikationsschemata bestimmen auch das Denken und die Wahrnehmung der Frauen. Die symbolischen Auseinandersetzungen um die Entwicklung eigener Ausdrucksmöglichkeiten, einer den Erfahrungen von Frauen Raum gebenden Sprache, ja sogar um die Befreiung von einer männlich dominierten Wahrnehmung des weiblichen Körpers bieten hierfür Anschauungsmaterial in großer Fülle. Man denke nur daran, welche erbitterten Kämpfe es um die weibliche Endung bei Berufsbezeichnungen gegeben hat, oder wie schwer es ist, in der Alltagssprache andere als herabsetzende Bezeichnungen der weiblichen Geschlechtsorgane zu finden.[9] Wer jemals Frauen in fröhlicher Männerrunde über Zoten hat mitlachen sehen, weiß, was diese Inkorporation der herrschenden Sichtweise bedeutet: Man trägt immer auch in sich, was einen angreift, herabwürdigt oder sogar zerstört.

Habitus und soziales Feld

Das Konzept des sozialen Feldes hat Bourdieu vor allem in seiner Untersuchung über Entstehung und Struktur des literarischen Feldes ausgearbeitet (Bourdieu 1992, dt. 1999 unter dem Titel *»Die Regeln der Kunst«* veröffentlicht). Er untersucht hier am Beispiel der historischen Ausdifferenzierung des literarischen Feldes im Frankreich des 19. Jahrhunderts die sozialen Bedingungen der Möglichkeit des ›Eigenlebens‹ kultureller Objekte und Universen. Gustave Flaubert, der erste Vertreter einer reinen Ästhetik in der französischen Literatur, steht im Mittelpunkt seiner Betrachtung. Die Beschäftigung mit dem Konzept des sozialen Feldes setzt jedoch weit früher ein, zuerst mit dem 1966 veröffentlichten Aufsatz »*Champ intellectuel et projet créateur*« (Bourdieu 1966a, dt. 1974b). Es folgte 1971 ein wichtiger Beitrag zum religiösen Feld (Bourdieu 1971a, dt. 2000c), im gleichen Jahr ein Aufsatz über Feld der Macht, intellektuelles Feld und Klassenhabitus (Bourdieu 1971c), dann immer wieder Aufsätze zum intellektuellen und zum wissenschaftlichen Feld, später erst zum Feld der Politik und der staatlichen Administration, zum juristischen Feld, meist veröffentlicht in den *Actes de la recherche en sciences sociales,* Bourdieus ›Hauszeitschrift‹, und zuletzt erst ein Beitrag zum ökonomischen Feld (Bourdieu 2000b). An dieser kurzen Übersicht wird deutlich, dass Bourdieus Überlegungen zum sozialen Feld ihren Ausgang von jenen Bereichen der sozialen Welt nahmen, die der kulturellen Produktion gelten: Literatur, Religion, Wissenschaft, das intellektuelle Leben allgemein. Ökonomie und Politik, die im Alltagsverständnis, aber auch in der marxistischen und ebenso in der funktionalistischen Tradition soziologischen Denkens eine prominente Rolle als soziale Sektoren oder ›Systeme‹ mit einer ausgeprägten Eigenlogik und Eigendynamik spielen, standen nicht am Anfang dieses Erkenntnisinstruments.

Ausgangspunkt für Bourdieu war die Frage nach dem Verhältnis zwischen sozialer Welt und kulturellen Objekten, das heißt die Frage, wie zu begreifen ist, dass die Produktion kultureller Objekte – Werke der Literatur, der bildenden Kunst, des Films und der Photographie, aber auch Religion und Wissenschaft – einerseits eine eigene, innere Logik und Dynamik hat, andererseits aber auch von ihren historischen Bedingungen oder sozialen Funktionen her verstanden werden kann (vgl. dazu Krais 1999, 2000). Diese beiden Positionen einer internen bzw. ›immanenten‹ oder aber einer externen Erklärung kultureller Werke, das heißt einer Erklärung, die auf dem Werk selbst äußerliche Interpretationsprinzipien zurückgreift, stehen einander in den Geistes-

und Sozialwissenschaften unversöhnlich gegenüber. Bourdieu ging es darum, diesen in seinen Augen falschen Gegensatz zu überwinden und die kulturelle Produktion als etwas Soziales zu begreifen, ohne dieses auf den bloßen Einfluss von Macht und Geld zu reduzieren. Erst mit der Vorstellung von einem sozialen Feld der Literatur, der Religion, der Wissenschaft und so weiter war es ihm möglich, kulturelle Objekte zum Gegenstand einer soziologischen Analyse zu machen, die den Anspruch aufrechterhält, »der inneren Logik der kulturellen Objekte« Beachtung zu schenken. Bei der Ausarbeitung dieser Kategorie war ihm, wie er schreibt, Max Webers Theorie der religiösen Akteure »eine große Hilfe« (Bourdieu 1998a: 61), aber auch Wittgenstein, »der daran erinnert, daß die mathematischen Wahrheiten keine fix und fertig dem Hirn des Menschen entsprungenen ewigen Weisheiten sind, sondern historische Produkte einer bestimmten Art von historischer Arbeit, die nach den spezifischen Regeln und Regularitäten jener besonderen sozialen Welt geleistet wurde, die das wissenschaftliche Feld darstellt« (ebd.: 59).

Mit der Theorie der sozialen Felder trägt Bourdieu der arbeitsteiligen Organisation moderner Gesellschaften Rechnung – in anderen theoretischen Kontexten heißt dieser Sachverhalt »soziale Differenzierung« oder »Ausdifferenzierung sozialer Systeme« – und bezieht sich auf das in der Moderne auffällige Phänomen der relativen Autonomie oder, anders formuliert, der ›Eigenlogik‹ abgegrenzter sozialer Sektoren. Wird dort aber die subjektfreie Funktionalität sozialer Strukturen und Prozesse betrachtet – charakteristisch hierfür ist die Position Luhmanns (vgl. z. B. Luhmann 1984) –, so geht es Bourdieu gerade um das über den Habitus vermittelte Zusammenwirken von handelnden Subjekten und sozialen Feldern. Bourdieu entwickelt eine Vorstellung von sozialer Differenzierung, die zum einen die Akteure der jeweiligen Felder in den Blick nimmt und zum anderen anerkennt, dass die verschiedenen Felder nach unterschiedlichen, nicht aufeinander reduzierbaren »Grundgesetzen« (Bourdieu 1998a: 149) funktionieren, also auch nicht rückführbar sind auf die Funktionsgesetze des ökonomischen Feldes. Damit wird eine klare Absage an alle Spielarten ökonomistischen Denkens formuliert (ebd.: 60f., 148–151, Bourdieu 1999: 309–328). Bourdieu begreift soziale Felder als Kräftefelder, die geprägt sind von der Konkurrenz unter den Akteuren. Zusammenfassend formuliert, hier mit Bezug auf die Felder ästhetischer Produktion: »Jeder Autor nimmt eine Position in einem Raum ein, das heißt in einem [...] Kraftfeld, das auch ein Feld von Kämpfen um den Erhalt oder die Veränderung dieses Kraftfelds ist, und insofern existiert er und bestreitet er seine Existenz nur unter den strukturierten Zwängen des Felds [...]; zugleich aber vertritt er [...] seinen Standpunkt, verstanden als die Sichtweise, zu der man von einem bestimmten Standpunkt aus kommt, indem er eine der aktuell oder virtuell möglichen ästhetischen Positionen im Feld des Möglichen bezieht (und indem er auf diese Weise Position zu den anderen Positionen bezieht)« (Bourdieu 1998a: 65f.).

Ein soziales Feld wird also, *erstens*, als Kräftefeld gedacht, in dem es um einen spezifischen Einsatz geht. Die Aktion der Subjekte folgt damit auch einer eigenen, das heißt Feld-spezifischen Logik. Damit ist zunächst nichts anderes gemeint als der einfache Sachverhalt, dass beispielsweise ein Musiker sich in einer anderen Welt bewegt als ein Bankier, dass dieser, will er es in seinem Feld zu etwas bringen, etwas von Musik, jener etwas von Geldgeschäften verstehen muss. In beiden Fällen jedoch handelt es sich um ein »Spiel«, bei dem es den »Spielern«, den sozialen Akteuren, um die Vorrangstellung geht. Ein soziales Feld ist ein nach einer eigenen Logik funktionierendes »Spiel« um Macht und Einfluss.

Von einem sozialen Feld kann man jedoch, *zweitens*, nur dann sprechen, wenn es Personen gibt, die eine bestimmte Dimension gesellschaftlicher Praxis zu ihrem Beruf gemacht haben, das heißt wenn einer zunächst einmal analytisch denkbaren Gliederung der Gesellschaft die reale gesellschaftliche Arbeitsteilung entspricht. Der Bankier als Feierabend-Cellist beispielsweise ist nicht im gleichen Feld wie ein Cellist der Berliner Philharmoniker aktiv; sein soziales Feld ist die Finanzwelt. Musik macht er zum Vergnügen, vielleicht auch, weil er seiner Frau gefallen will, oder weil er in seiner Welt als gebildeter Mensch gelten will – aber sein Cello-Spiel läuft gewissermaßen außer Konkurrenz.

Das Konzept des sozialen Feldes bedeutet, *drittens*, dass damit die Vorstellung von der inneren Homogenität des »Systems« aufgegeben wird. Da das Feld als Kräftefeld gedacht ist, ist von vornherein unterstellt, dass die »Spieler« in relevanten Merkmalen verschieden sind, ja diese Verschiedenheit ist geradezu konstitutiv für das soziale Feld. Im literarischen Feld beispielsweise beschreibt Bourdieu zwei zentrale Achsen der Unterscheidung: einmal die Achse Produktion für ein Massenpublikum (und mit dem primären Ziel kommerziellen Erfolges) versus Produktion für die Produzenten, die so genannte »reine Produktion« (mit dem primären Ziel der Anerkennung unter den Insidern), zum andern innerhalb der reinen Produktion die Achse Avantgarde versus etablierte Avantgarde. Zwar kann sich an den Auseinandersetzungen um Macht und Einfluss in einem sozialen Feld nur beteiligen, wer in einem prinzipiellen Sinn als gleich anerkannt ist – wer im literarischen Feld zum Beispiel als Schriftsteller, Dichter, Dramatiker, Literaturkritiker und so weiter tätig ist –, doch sind die Gleichen keineswegs identisch. Wie unterschiedlich die Akteure sein können bzw. welche unterschiedlichen Positionen es gibt, wird damit zu einer zentralen Frage bei der Untersuchung eines bestimmten Feldes. Und man kann diese Frage beantworten, indem man untersucht, welche Akteure es gibt, denn die Akteure sind nichts anderes als Verkörperungen, Personifizierungen von Strukturen. In der Einleitung zur Untersuchung über die französischen Unternehmer heißt es: »Es ist also nicht notwendig, sich zu entscheiden zwischen den Strukturen oder den Akteuren; zwischen dem Feld, das den Sinn und den Wert der in den Dingen objektivierten oder in den Personen verkörperten Eigenschaften ausmacht, oder den Akteuren, die ihre Eigenschaften in dem so definierten Spiel-Raum ausspielen [...] Man kann, wenn man die Personen wieder einführt, versuchen herauszufinden, was am Funktionieren der Institutionen [...] nur von den Personen kommt [...], sollte aber nicht vergessen, dass die Personen selbst in dem, was ganz persönlich an ihnen ist, im Wesentlichen eine Personifizierung der Anforderungen sind, die realiter oder potentiell die Struktur des Feldes ausmachen, oder, genauer, die Position, die jemand in diesem Feld einnimmt« (Bourdieu/de Saint Martin 1978: 6f.; eigene Übersetzung). So können wir, wenn wir beispielsweise das wissenschaftliche Feld betrachten, Positionen bzw. Personen am Rande und im Zentrum des Feldes sehen, ›*gate-keepers*‹, die den Zugang zu Publikationsorganen und Stellen kontrollieren, den ›großen alten Mann‹ und den ›brillanten Kopf‹ aus dem wissenschaftlichen Nachwuchs, es wird den ›*trouble-maker*‹ geben, den ›kreativen Spinner‹ und wohl auch den ›Langweiler aus dem *main-stream*‹ oder die ›Powerfrau‹. Wie im sozialen Raum so gilt auch hier: Das Feld definiert einen Raum des Möglichen, und das heißt, es erscheint jedem Akteur, in den Worten Bourdieus, »als eine Menge wahrscheinlicher *Zwänge*, zugleich Voraussetzung und Komplement einer endlichen Menge *möglicher Nutzungen*« (Bourdieu 1999: 372; Hervorhebungen im Original). Innerhalb dieses Raums gibt es eine Variationsbreite, die erst auszumessen ist. Dabei bestimmt sich das Gewicht der einzelnen Akteure bzw. Positionen durch ihre objektive Beziehung zu den anderen Akteuren bzw. Positionen, es ist also, da es zu jedem gegebenen Zeitpunkt das Resultat vorangegangener Auseinandersetzungen ist, nicht ein für alle Mal gegeben, sondern verändert sich.

Ein *viertes* Charakteristikum des sozialen Feldes erschließt sich, wenn man die Metapher beachtet, die Bourdieu zur Erläuterung verwendet, die des Spiels. Jedes soziale Feld gilt ihm als ein mit einer eigenen Logik ausgestattetes »Spiel«, vergleichbar etwa einem Fußballspiel. Allerdings ist das »Spiel« tiefster Ernst, geht es doch immer um die soziale Existenz der Akteure (wenn auch nicht in jedem Einzelfall um die materielle Existenz, etwa bei Künstlern, die von Haus aus vermögend sind, wie beispielsweise Flaubert). Sonntagsmaler und Hobby-Astronomen beispielsweise sind höchstens am Rande einmal Akteure in den jeweiligen sozialen Feldern, dann nämlich, wenn es ihnen gelingt, von den Akteuren, die das »Spiel« bestimmen, ernst genommen zu werden. Es ist ein »Spiel« um Macht und Einfluss, um die Durchsetzung der eigenen Sichtweisen im Horizont des in diesem Felde Möglichen; und jeder, der sich einlässt auf dieses »Spiel«, muss den Glauben an das Feld haben, die *»illusio«*, die Identifikation mit dem »Spiel«, die Bedingung dafür ist, dass man mitspielen kann (ebd.: 360ff., Bourdieu 1987: 122ff.). So muss, wer Wissenschaft zu seinem Beruf machen will, wer in der Arena einer Wissenschaftsdisziplin um seine Position kämpft, zunächst den Glauben haben, dass der Einsatz für die Wissenschaft lohnt, dass wissenschaftliche Arbeit das ist, wofür man gemacht ist, worin man aufgeht.

Die Rede vom »Spiel« verweist darauf, dass dieses sich nicht über ein fixiertes Gerüst von Positionen konstituiert, sondern über die *Praxis* der Akteure. Das Spiel verändert sich mit seinen Akteuren: Für Fußball-Fans ist evident, dass Günter Netzer einen anderen Fußball spielte als Lothar Matthäus, und auch in der Wissenschaft, in der Soziologie zum Beispiel, ist evident, dass Helmut Schelsky in einem anderen »Spiel«, in einer anderen sozialen Konstellation Soziologie betrieb als etwa Ulrich Beck heute – selbst wenn man Parallelen zwischen beiden Positionen sehen will, beispielsweise in ihrem Verhältnis zur außerfachlichen Öffentlichkeit. Ein bestimmter Typus von Akteuren, man denke an den Gelehrten oder auch an den Ordinarius im vollen Bewusstsein seiner Machtvollkommenheit, wird seltener oder verschwindet ganz, ein anderer Typus kommt neu hinzu, vielleicht der alerte Manager oder die feministisch engagierte Soziologin: Die Gewichte im relationalen Gefüge verschieben sich, neue Konventionen bilden sich heraus, das »Spiel« wird anders gespielt.

Was den Akteuren, so verschieden sie auch sein mögen, jedoch gemeinsam ist, ist die *»illusio«*, der praktische Glaube an das Spiel. Er bewirkt, dass der Mikrokosmos des Feldes als selbstverständlich erfahren werden kann, zur Identität der eigenen Person gehört. In der Formulierung Bourdieus: »Was in der Sprache des Sports als ›Sinn für das Spiel‹ [...] bezeichnet wird, [vermittelt; B.K./G.G.] eine recht genaue Vorstellung von dem fast wundersamen Zusammentreffen von Habitus und Feld, von einverleibter und objektivierter Geschichte, das die fast perfekte Vorwegnahme der Zukunft in allen konkreten Spielsituationen ermöglicht. Als Ergebnis der Spielerfahrung [...] sorgt der Sinn für das Spiel dafür, daß dieses für die Spieler subjektiven Sinn, d.h. Bedeutung und Daseinsgrund, aber auch Richtung, Orientierung, Zukunft bekommt. [...] Außerdem objektiven Sinn, weil der Sinn für die wahrscheinliche Zukunft, der sich aus der praktischen Beherrschung der spezifischen Regelmäßigkeiten ergibt [...], Grundlage für Praktiken ist, die *sinnvoll* sind, d.h. in einem verstehbaren Verhältnis zueinander und zu den Bedingungen ihrer Ausführung stehen« (Bourdieu 1987: 122; Hervorhebung im Original).

Und wiederum gilt, wie bei den von Klassenlage und Geschlecht geprägten Erfahrungen, die sich im Habitus einlagern, dass auch die mit dem Eintritt in ein spezifisches Feld und mit der Teilnahme an dem dort gespielten »Spiel« entwickelten Aspekte des Habitus den Akteuren zur ›Natur‹ geworden sind. Dadurch bleibt unerkannt, wie die Logik des Feldes überhaupt funktioniert.

Fünftens schließlich ist mit dem Konzept des sozialen Feldes die Vorstellung einer Entsprechung – Bourdieu spricht von »Homologie« – zwischen den verschiedenen Positionen der Akteure im sozialen Feld und den inhaltlichen Positionen verbunden, für die sie stehen; eine Vorstellung, die vergleichbar ist mit der Vorstellung von der Entsprechung zwischen den Positionen im sozialen Raum und den verschiedenen Lebensstilen. Die Geltung einer bestimmten, auf das spezifische Produkt des Feldes bezogenen Position – die Wahl einer literarischen Gattung im Feld der Literaturproduktion (Roman, Erzählung, Gedicht, Drama und so weiter) – ist gebunden an die Stellung des Akteurs oder der Akteurin im Feld. So ist auch die Geltung einer wissenschaftlichen Position, die Anerkennung einer wissenschaftlichen Leistung gebunden an die soziale Anerkennung der Person, die diese Leistung hervorgebracht hat, im sozialen Feld Wissenschaft. Wissenschaftliche Denkstile, methodische Standards, theoretische Ansätze und Forschungsergebnisse setzen sich nicht ›von selbst‹ durch, sondern nur insoweit, als die jeweiligen Protagonisten sich in ihrer *scientific community* durchsetzen. Dazu reicht es nicht aus, über Fachwissen und Methodenkenntnisse zu verfügen, man muss sich auch in dem sozialen Geschehen, in der ›Arena der Auseinandersetzungen‹ bewegen und behaupten können, mit dem das ›Wissenschaft-Machen‹ untrennbar verbunden ist.

Lernprozesse

Der Habitus ist nicht angeboren, er ist erworben, bildet sich von früher Kindheit an in der Auseinandersetzung mit der Welt, in der Interaktion mit anderen aus. Gleichwohl tritt man, wenn man zur Welt kommt, nach Bourdieus Vorstellung nicht als außergesellschaftliches Wesen, gewissermaßen als leeres Blatt in die Gesellschaft ein, das erst beschrieben werden muss. Eine Soziologie, die Sozialisation als Ausbildung des Habitus sieht, braucht auch keine Sozialisationstheorie im strengen Sinne: Da sie weder eine außergesellschaftliche Existenzform des Menschen noch ein unabhängig von der gesellschaftlichen Praxis sich entwickelndes Wertesystem oder ›kulturelles System‹ kennt, können Lernprozesse nicht anders denn als Erfahrungen in der Auseinandersetzung mit der Welt begriffen werden. Man *wird* nicht Mitglied einer Gesellschaft, sondern *ist* es von Geburt an. Man ist mit der Geburt in soziale Zusammenhänge einbezogen, in Interaktionen eingebunden, und von Geburt an befindet man sich in einer aktiven Auseinandersetzung mit der Welt. Das Problem ist nicht, wie der Mensch zu einem gesellschaftlichen Wesen gemacht wird, sondern unter welchen Bedingungen er oder sie ein bestimmter Teil einer Gesellschaft sein kann, mit einer spezifischen Position im sozialen Raum.

Was kann man nun aus der Funktionsweise des Habitus über die Lernprozesse erschließen, in denen ein Mensch im Laufe seines Lebens seinen Habitus ausbildet, modifiziert, verfestigt, verändert? Am Beispiel der Lernprozesse, die mit der Aneignung eines auf ein bestimmtes soziales Feld abgestimmten Habitus verbunden sind, soll dies kurz skizziert werden.

Man tritt in ein soziales Feld nicht mit einem Habitus ein, der fix und fertig ist; der passende Habitus wird nicht schon von vornherein vorausgesetzt: »Was der neu Eintretende tatsächlich in dieses Spiel hineinbringen muss, ist nicht der Habitus, der hier stillschweigend oder explizit verlangt wird, sondern ein Habitus, der praktisch kompatibel sein oder eine genügende Nähe aufweisen und der vor allem formbar und geeignet sein muss, um sich in einen konformen Habitus konvertieren zu lassen, der, kurz gesagt, kongruent und lernfähig [*docile*], das heißt offen für die Möglichkeit der Restrukturierung ist« (Bourdieu 1997b: 120; eigene Übersetzung). Der praktische Glaube an das Feld entsteht bei den Akteuren, indem sie teilnehmen am Spiel: Mit ihrer Teilnahme lassen sie sich auf das ein, worum es in diesem Spiel geht – um Fußball, Wissenschaft, Literatur –, mit ihrer Teilnahme erkennen sie aber auch das Spiel selbst an, seine Voraussetzungen, den Einsatz, die Ergebnisse, die Kriterien für ›gutes‹, ›elegantes‹ oder auch nur ›erfolgreiches‹ Spiel. Wenn die Zustimmung zum Feld fehlt oder zurückgenommen wird, erscheinen die Welt, die dieses Feld bildet, und das Handeln in ihr absurd, nicht anders als ein Fußballspiel, wenn man es von außen, ohne den Glauben an das Spiel, betrachtet: Man sieht nur 22 erwachsene Männer, die sich die Lunge aus dem Leib rennen, womöglich die Knochen kaputthauen, um mit dem Fuß, dem ungeschicktesten Körperteil, den man hierfür überhaupt besitzt, einen Ball in ein eigens dafür konstruiertes Gestell aus Balken und Netzen zu befördern.

Teilnahme am Spiel heißt, dass man unzählige Akte der Anerkennung erbringt, dass man in das Spiel investiert, sich anstrengt alles richtig zu machen, dass man versucht dahinter zu kommen, wie es funktioniert, welche Positionen wichtig sind, welche weniger, welche expliziten und impliziten Regeln gelten, welche Regeln strikt einzuhalten, welche von wem missachtet werden dürfen und so weiter. Komplexe Spiele – und soziale Felder sind komplexe Spiele – bedürfen meist langwieriger Prozesse des Lernens; und es kommt nicht von ungefähr, dass diese Lernprozesse oft eingebunden sind in ein Meister-Schüler-Verhältnis, zum Beispiel in der Kunst, in der Wissenschaft, in der Architektur und so weiter (vgl. Krais 1996 für das Hochschulstudium). Mimetisches Lernen, ein Lernen in der körperlich-sinnlichen Interaktion, in der man probeweise, im Vorgriff auf die wahrscheinliche Zukunft, als Mitspieler anerkannt wird, in die Praxis des Spiels eingebunden wird, das Lernen durch Mitmachen, durch Abgucken, Ausprobieren und Einüben, aber auch durch körperliches Handeln, durch spezifische Bewegungen und Gesten, spielt eine zentrale Rolle bei der Ausbildung des Habitus – bemerkenswerterweise auch bei jenen beruflichen Tätigkeiten, die, wie akademische oder künstlerische Berufe, gerne als ›geistige Tätigkeiten‹ qualifiziert werden.

In seiner Betonung von Erfahrung und praktischem Wissen knüpft Bourdieu, wie oben ausgeführt, an Aristoteles an. Der Habitus funktioniert nicht mechanistisch, sondern nach dem Modell lebender Systeme. Auf Lernprozesse bezogen bedeutet dies, dass Gelerntes *verarbeitet* wird. Danach hat man sich den Vorgang der Aneignung des Sozialen – wie überhaupt Lernprozesse – nicht so vorzustellen, als sei das Individuum eine Art Schrank, in dessen Fächer und Schubladen nun soziale Ordnungen, Vorstellungen, Klassifikationsschemata, Wissensbestände und so weiter einsortiert würden, gerade so, wie sie in der sozialen Wirklichkeit außerhalb des Individuums vorkommen. Vielmehr wird die Fülle der einzelnen Erfahrungen, die Menschen auf Grund ihrer Tätigkeit in der Welt machen, zu einem komplexen Erfahrungswissen zusammengearbeitet und immer wieder transformiert.

Es ist vielleicht hilfreich, hier auf Entwicklungen der neueren Gehirnforschung zu verweisen, die die Aktivität des Subjekts beim Erfassen der Welt hervorheben. Dabei wird der Begriff des Schemas verwendet, um die Verarbeitung des Erfahrenen, Gelernten, im Gehirn zu thematisieren. Mit diesem Begriff hat sich der Philosoph Hans Lenk, Bezug nehmend auf Kant, näher auseinander gesetzt. Mit dem Ausdruck »Schemata« werden in der Gehirnforschung die vom Subjekt vorgenommenen Konstruktionsbildungen bezeichnet, »die von umfassender Bedeutung für alle über das flüchtige Einzelerlebnis hinausgehenden Verbindungen, Verknüpfungen, Vereinheitlichungen und Verallgemeinerungen sind« (Lenk 1995: 65). Ein Schema hat »den Charakter eines Dispositionsnetzes« (ebd.: 70). Das Subjekt, so meint Lenk, erzeuge netzartige neuronale Systeme, die es befähigten, die die Welt strukturierenden Ordnungen zu erkennen. Diese impliziten Ordnungen werden vom Subjekt erfasst und in Form von Schemata als latente Handlungsstruktur angelegt: als Dispositionsnetz, das in neuen Situationen aktiviert wird. Bourdieu spricht zwar, wenn es um den Habitus geht, von »strukturierter Struktur«, macht aber keine weiteren Angaben zu dieser Strukturierung. Mit dem Konzept des Schemas kann man sich vorstellen, dass der Habitus wie ein dispositionelles Netz organisiert ist, das Erfahrungen und sinnliche Eindrücke aufnimmt und in spezifischer Weise verarbeitet, damit aber auch selbst immer wieder modifiziert wird. Das heißt auch, dass der Habitus nur Dinge aufnehmen und einbauen kann, für die er bereits eine Art ›Ankopplungsstelle‹ hat. Damit wird auch die Kohärenz und Stabilität des Habitus, ja das Phänomen der *»Hysteresis«* verständlich: Die bestehende Strukturierung des Habitus schließt aus, dass er *alles* verarbeitet, was in der Welt ist.

Die skizzierten Entwicklungen in der Gehirnforschung sind hier nicht nur im Sinne von Analogien von Interesse: Sollte sich die mit dem Schema-Begriff hergestellte Brücke zur Gehirnforschung als tragfähig erweisen, könnte man darüber hinaus annehmen, dass die Kategorie des Habitus kein reines Gedanken-Konstrukt ist, sondern eine materielle Entsprechung im menschlichen Organismus hat.

Wenn man genauer hinsieht, dürfte man feststellen, dass viele unserer intendierten, organisierten Lehr-Veranstaltungen in Schule, Hochschule und Weiterbildung das lernende Subjekt nach dem Modell des Schranks konzipieren, in dessen Schubladen und Fächer Vorgefertigtes von außen hineingelegt wird. Wahrscheinlich ist jedoch, dass die überwältigende Mehrheit der Lernprozesse eines Menschen als mimetisches Lernen abläuft, als praktisches, körperlich-sinnliches Tun in der Interaktion mit anderen. Auch wenn diese Einsicht als solche unmittelbar auf Zustimmung stoßen mag, so bleibt sie bislang doch abstrakt und hat nicht zu durchschlagenden Veränderungen in der Anleitung von Bildungsprozessen geführt. Die Vorstellung vom Lernen als einem geistigen Prozess, vom lernenden Subjekt als einem Geistwesen, die in unseren von der westlichen Kultur geprägten Habitus tief verankert ist, steht einem grundsätzlich anderen, stärker das körperlich-sinnliche Handeln einbeziehenden Konzept vom Lehren und Lernen im Wege.

Der systematische Ort des Habitus-Konzepts in der Soziologie

Die Soziologie ist als Wissenschaft von der modernen Gesellschaft entstanden, einer Gesellschaft der Individuen. Sie konnte erst ›erfunden‹ werden, als die Welt entzaubert war, wie Max Weber dies nannte, das heißt als sie nicht mehr als unverrückbare Ordnung mit einem außerweltlichen Fluchtpunkt – mit anderen Worten: als eine von Gott gesetzte und daher als die einzig mögliche Ordnung – wahrgenommen wurde. Dieser Prozess setzte in Europa mit der frühen Aufklärung ein. Und mit der von der Aufklärung betriebenen Entzauberung oder Verweltlichung kam das Individuum in die Welt, ein Personen-Konzept, das Menschen als autonom handlungsfähige und selbstverantwortliche Personen anerkennt. Der höchste Wert kommt in der Moderne dem Individuum zu, nicht mehr, wie in traditionellen Gesellschaften, der Gesellschaft als Ganzer – es gibt im modernen Weltverständnis keine Macht, die jenseits und über dem Individuum steht (vgl. dazu Dumont 1991). Da jeder einzelne Mensch als individuelle Ausprägung der Menschheit gilt und als solche den höchsten Wert darstellt, ist er als Individuum jedem anderen Individuum gleichgestellt. Gesellschaft, gesellschaftliche Verhältnisse und Beziehungen, Institutionen und soziale Strukturen werden als Artefakte angesehen, als Menschenwerk, das aus dem Handeln der Menschen hervorgeht. In den Erläuterungen zu seiner Vorstellung vom sozialen Handeln hat Max Weber dies sehr dezidiert formuliert: »Handeln im Sinn sinnhaft verständlicher Orientierung des eignen Verhaltens gibt es für uns stets nur als Verhalten von einer oder mehreren *einzelnen* Personen« (Weber 1976: § 1, 9).

Damit stellt sich für die Soziologie sofort ein Problem, an dem sich viele Soziologen abgearbeitet haben: Wenn wir vom Individuum ausgehen, wie ist dann Gesellschaft möglich? Diese Frage ist unter sehr unterschiedlichen Perspektiven angegangen worden und hat zu vielfältigen Antworten geführt. Hier soll nur eine Facette des Problems thematisiert werden: Die Soziologie muss die Menschen als vergesellschaftete Individuen denken können. Sie muss ein Konstrukt entwickeln, das zu begreifen erlaubt, wie

– um die aus der Soziologie des Geschlechterverhältnisses bekannte Formulierung vom ›doing gender while doing work‹ aufzugreifen – ›doing society while doing work‹ oder ›while doing shopping‹ und so weiter vor sich geht. Denn in unserem alltäglichen Leben verbinden wir alle möglichen Absichten und Zwecke mit unserem Handeln, doch nur in Ausnahmefällen wird man mit dem Einkaufen oder Arbeiten oder Zusammensein mit Freunden die explizite Absicht verfolgen, gesellschaftliche Institutionen oder Strukturen, zum Beispiel solche sozialer Ungleichheit, herzustellen. Die Soziologie muss, wie Bourdieu schreibt, das Paradoxon vom objektiven Sinn (des Handelns) ohne subjektive Absicht lösen (Bourdieu 1981b: 170).

Das bis heute einflussreichste soziologische Konstrukt, das das Individuum als vergesellschaftetes zu denken erlaubt, ist das der sozialen Rolle. Es ist zwar still geworden um die Rollentheorie seit den intensiven Diskussionen, zu denen sie in den Sechziger- und frühen Siebzigerjahren Anlass gab (vgl. Haug 1972; Joas 1978). Dies bedeutet jedoch keineswegs, dass das Konzept der sozialen Rolle zu den vergessenen Paradigmen der Sozialwissenschaften gehörte. Das Gegenteil ist der Fall: Vergessen sind die Probleme und Defizite des Rollenkonzepts, nicht das Konzept selbst. Die soziale Rolle kann inzwischen, wie Dahrendorf 1964 schrieb, als »soziologische Elementarkategorie« gelten (ebd.: 15), ist sie doch selbstverständlicher Bestandteil des sozialwissenschaftlichen Repertoires geworden – allerdings losgelöst von ihrem struktur-funktionalistischen Entstehungskontext, ja ohne dass dieser überhaupt noch im Bewusstsein präsent wäre. Als quasi-natürliche Kategorie der Soziologie wird das Konstrukt der sozialen Rolle nicht mehr hinterfragt, doch nahezu überall verwendet, und es ist auch in das Alltagsverständnis eingegangen.

Mit dem Habitus-Konzept hat Bourdieu eine Alternative zum Rollen-Konzept entwickelt, die genau auf diesen Punkt zielt: Wie kann man das Individuum als vergesellschaftetes begreifen? Bourdieus Alternative ist jedoch keine Weiterentwicklung und auch keine Variante des um Norm, Regel und Rolle zentrierten Verständnisses vom sozialen Akteur, sondern ein anderes Paradigma. Anders als bei der sozialen Rolle geht die Soziologie mit dem Habitus-Konzept *nicht* von einer Entgegensetzung von Individuum und Gesellschaft aus, damit auch nicht von der Vorstellung wechselseitiger Einwirkung des einen auf das andere. Das soziale Subjekt wird hier, wie oben im Detail ausgeführt, von vornherein und sehr radikal als vergesellschaftetes gedacht. Der damit vorgenommene Paradigmenwechsel lässt sich am besten nachvollziehen, wenn man die beiden soziologischen Konstrukte »soziale Rolle« und »Habitus« einander gegenüberstellt.

Das Rollenkonzept greift zunächst ein sehr modernes Thema auf: Es thematisiert die Erfahrung der Fragmentierung des Subjekts in der modernen Gesellschaft, eine Erfahrung, die seit dem 19. Jahrhundert Gegenstand der Literatur, vor allem des Romans, ist.[10] Konstitutiv für die soziale Rolle ist der Bezug auf einen bestimmten Interaktionskontext, auf ein bestimmtes Beziehungsgefüge oder eine spezifische soziale Situation. Die folgende Formulierung von Parsons, der das Rollen-Konzept in die Soziologie eingeführt hat, enthält alle zentralen Bestimmungen: »A role [...] is a sector of the total orientation system of an individual actor which is organized about expectations in relation to a particular interaction context, that is integrated with a particular set of value-standards which govern interaction with one or more alters in the appropriate complementary roles« (Parsons 1951: 38f.). Das Zitat macht zunächst deutlich, dass eine Rolle nicht das tatsächliche Handeln der Akteure meint, sondern die *Erwartungen*, die die Akteure an das Handeln der anderen haben; diese Erwartungen sind komplementär aufeinander bezogen. Diese Erwartungen wiederum, und damit der gesamte Interaktionskontext, gründen sich letzten Endes auf allen Akteuren gemeinsame Werte und Normen, ein den Akteuren gemeinsames kulturelles System, wie es bei Parsons auch heißt. Akteure, die, aus welchen Gründen auch immer, die für die Ordnung und das geordnete Funktionieren eines sozialen Systems erforderlichen gemeinsamen Werte nicht hinreichend verinnerlicht haben, damit aber auch in ihrem Handeln den Rollenerwartungen nicht entsprechen – also das an den Tag legen, was Parsons »abweichendes Verhalten« (*»deviant behavior«*, ebd.: 27ff.) nennt – bringen das soziale System in Gefahr. Und schließlich, betrachtet man den einzelnen Akteur, so ist festzuhalten, dass eine soziale Rolle immer nur einen Ausschnitt des gesamten Orientierungs- und Handlungssystems eines Akteurs bezeichnet, einen Ausschnitt, der sich auf einen spezifischen Interaktionskontext bezieht. Menschen ›spielen‹ immer *viele* soziale Rollen, die jedoch jeweils in spezifischen Situationen abgerufen werden, während alle anderen Rollen in dieser Situation irrelevant sind. Für das Verhalten des Vorgesetzten im Betrieb ist irrelevant, dass er bei anderen Gelegenheiten außerdem noch Vater, Autofahrer, Mitglied eines Schützenvereins und so weiter ist. So kann ein Akteur auch als Bündel von vielen verschiedenen Rollen beschrieben werden, die jeweils in unterschiedlichen Situationen realisiert werden (ebd.: 26). Und Parsons betont, dass diese Rollen, ebenso wie das ganze Rollenbündel, *nicht* als Eigenschaften des Akteurs gesehen werden dürfen, sondern Einheiten des jeweiligen sozialen Systems sind, zu dessen Aufrechterhaltung sie dienen (ebd.: 25).

Das mit dem Rollenbegriff implizierte Verständnis vom sozialen Handeln ist von Anfang an kritisiert worden. Zentrale Aspekte der Kritik können in vier Punkten resümiert werden:

- *Erstens* lässt sich mit dem Rollenkonzept die Einheit der Person oder Identität des Individuums nicht fassen;
- *zweitens* trägt es weder der unhintergehbaren Körperlichkeit noch
- *drittens* der ursprünglichen Soziabilität der menschlichen Handlungsfähigkeit Rechnung,
- und *viertens* reduziert es den intentionalen Charakter menschlichen Handelns auf ein am Zweck-Mittel-Schema orientiertes Modell von Rationalität.

Die Einheit der Person und die Reflexivität des Individuums

Zunächst ist festzustellen, dass die säuberliche Trennung verschiedener sozialer Rollen in Wirklichkeit nicht gegeben ist. Das soziale Subjekt geht in der Vorstellung vom Rollenträger, der verschiedene, voneinander unabhängige Rollen in unterschiedenen sozialen Situationen spielt, nicht auf. Wir sind keine Automaten, die immer sofort wieder vergessen, wer sie gerade waren, und auf einen bestimmten äußeren Reiz, wie auf Knopfdruck, das der jeweiligen Situation angemessene Programm abspulen. Vielmehr gibt es immer ein Ich, eine Person, in der sich die verschiedenen Rollen vereinigen und gegenseitig beeinflussen. Und dieses Ich ist weit mehr als eine Marionette, eine Puppe, die verschiedene Rollen aufnimmt und ausagiert: Das Ich, das Individuum, *verhält* sich zu seinen Rollen, es erinnert sich an sein Handeln in der Vergangenheit, antizipiert sein Handeln in der Zukunft, es setzt sich mit seinen verschiedenen Rollen auseinander – kurzum, das menschliche Individuum ist mit der Fähigkeit der Reflexivität ausgestattet. Das Rollenkonzept provoziert geradezu die Frage nach der Einheit der Person nach den sozialen Bedingungen für die Kohärenz individuellen Handelns, nach der Möglichkeit für Reflexivität des sozialen Subjekts und damit auch nach der Möglichkeit, dass jemand sein Handeln bewusst ändert.

Diese Auseinandersetzungen sollen hier nicht nachgezeichnet werden. Festzuhalten bleibt jedoch, dass diese Fragen in der deutschen Rezeption des Rollenbegriffs vor allem als Fragen nach den sozialen Bedingungen von Identität gestellt worden sind; in diesem Kontext kommt dem Symbolischen Interaktionismus in der Tradition George Herbert Meads eine wichtige Bedeutung zu. So ist mit Hilfe der durch dieses Konzept beeinflussten Arbeiten nicht nur gezeigt worden, dass mit dem Rollenbegriff Phänomene wie die Identität des Individuums, die Kohärenz seines Handelns und seine Reflexivität nicht gefasst werden können, sondern auch, dass das Handeln in sozialen Rollen so etwas wie Identität, eine Einheit der Person, geradezu voraussetzt (vgl. Krappmann 1969). Diese Kritik hat jedoch nicht dazu geführt, dass das Rollenkonzept aufgegeben wurde. Autoren wie Erving Goffman (1959) oder Lothar Krappmann, die mit ihren Arbeiten nicht nur weit über den theoretischen Rahmen des Rollenkonzepts hinausgegangen sind, sondern ihn gesprengt haben, blieben ihm verhaftet – das soziologische Konstrukt, mit dem sie das Individuum als vergesellschaftetes denken konnten, blieb, trotz seiner Unvereinbarkeit mit ihren eigenen theoretischen Überlegungen, die soziale Rolle. Nur am Rande sei angemerkt, dass die Rezeptionssperre der *mainstream*-Soziologie gegenüber der Kategorie Geschlecht auch auf dieses Festhalten am Rollenkonzept zurückzuführen ist. Für eine Strukturkategorie Geschlecht – wie im Übrigen auch für die Strukturkategorie Klasse – gibt es darin keine Anschlussmöglichkeit.

Die Einheit der Person, die Kohärenz des Handelns und, wenn man so will, die Identität des sozialen Akteurs, wird mit dem Habitus-Konzept thematisiert: Der Habitus ist das vereinigende Prinzip, das den verschiedenen Handlungen des Individuums ihre Systematik, ihren Zusammenhang gibt. Bourdieu veranschaulicht diese Kohärenz oder auch stilistische Affinität der Praxen eines Akteurs am Beispiel der persönlichen Handschrift: Es gibt bei jedem Individuum eine spezifische, erworbene Disposition, Buchstaben in einzigartiger Manier zu schreiben, eine Disposition, die »immer die gleiche Schrift hervor[bringt], d.h. Schriftzeichen, die trotz aller Unterschiede in der Größe, in der stofflichen Beschaffenheit oder in der Farbe – bedingt durch den Schriftträger, Papier oder Tafel, oder das Instrument, Füller oder Kreide –, trotz der Unterschiede also im jeweils situationsbedingten Bewegungsablauf und im ganzen Bewegungszusammenhang eine sogleich augenfällige stilistische Affinität, eine ›Familienähnlichkeit‹ aufweisen« (Bourdieu 1981b: 198). Diese Kohärenz in den verschiedenen Aktivitäten eines Individuums, ob es sich nun um die Lebensführung, die Ausübung eines bestimmten Berufs und die Art des Umgangs mit Vorgesetzten, überhaupt die Ausgestaltung sozialer Beziehungen oder um das moralische Urteil handelt, ist von Bourdieu immer wieder betont worden: Ich bin immer die gleiche Person, ob ich nun beim Bäcker Brot kaufe, ob ich mir Gedanken über die Wahl meines Studienfachs mache, in die Disko gehe oder mich verliebe; und meine Liebesbeziehung kann mein Handeln beim Bäcker oder bei den Überlegungen zum Studium durchaus beeinflussen. Allerdings gleichen sich soziale Ereignisse nie exakt; ein strenger Begriff von Identität kann auf sie unmöglich angewendet werden. Daher meint Kohärenz, wie im oben angeführten Zitat deutlich wird, so etwas wie eine »Familienähnlichkeit«, das heißt, es handelt sich um Gemeinsamkeiten in der Praxis eines Individuums, die nicht als vollkommene Identität von Handlungen oder Handlungselementen beschreibbar sind, sondern ein Netz von Ähnlichkeiten und Affinitäten bilden, die sich überkreuzen und einander übergreifen.[11] Man kann mit Hilfe eines Merkmals zu einem jeweils anderen Mitglied der Familie weitergehen, dann wiederum mit Hilfe eines wieder anderen Kennzeichens zu einem weiteren Verwandten.

Im Zeitablauf ist diese Kohärenz als Stabilität des Habitus zu sehen: Man sieht mit vierzig Jahren zwar nicht mehr so aus wie mit zwanzig, man ist körperlich verändert, hat einen anderen Tagesablauf und zugleich umfassendere, differenziertere und enger eingegrenzte Handlungsmöglichkeiten, dennoch spricht man rückblickend von der Zwanzigjährigen, die man einmal war, als ›Ich‹, man erkennt sich darin wieder, begreift sich als eine Person mit einer Vergangenheit, die untrennbar zu einem gehört, und projiziert mit Plänen, Vorstellungen, wahrscheinlichen und gewünschten Entwicklungen die Person, die man in der Gegenwart ist, in die Zukunft. Und nicht nur man selbst betrachtet sich als *eine* Person, auch andere erkennen einen wieder – am Aussehen, an charakteristischen Körperhaltungen und Gesten, aber vor allem am Handlungsstil –, beziehen sich auf gemeinsame Erfahrungen in der Vergangenheit und aktualisieren, beispielsweise beim Klassentreffen, eine lange nicht mehr gelebte soziale Beziehung.

Die Stabilität des Habitus, also das, was positiv gewendet als ›Identität‹ bezeichnet wird, ist oft als problematischer Aspekt des Habitus-Konzepts kritisiert worden: Dieses sei statisch, gegen Veränderung und sozialen Wandel immunisiert. Stabilität und Kohärenz des Habitus heißt jedoch weder, dass es sich dabei um ein widerspruchsfreies, in sich schlüssiges System von Dispositionen, Ordnungsprinzipien, Klassifikationsschemata und so weiter handelt, noch ist damit Immunität gegenüber Veränderungen impliziert. Zwar betont Bourdieu die Bedeutung der frühen Erfahrungen in der Kindheit; diese bilden im Habitus eine grundsätzliche Haltung zur Welt aus. Sie eröffnen bestimmte Handlungspotentiale im Raum des Möglichen, verschließen andere. Wie stabil der Habitus eines Individuums oder einer Gruppe, wie konsistent das Handeln der Akteure sein kann, ist jedoch, wie Bourdieu immer wieder hervorgehoben und in seinen Arbeiten gezeigt hat, von den sozialen Verhältnissen abhängig. Die eingangs geschilderte Gesellschaft der Kabylen mit ihren über Jahrzehnte und Jahrhunderte stabilen sozialen Strukturen, ihrem am Ethos der Ehre und ihren fast ausschließlich an einer einzigen Dimension sozialer Differenzierung orientierten Klassifikationsschemata (der Klassifikation nach weiblich und männlich) hat einen konsistenteren, auch starreren Habitus hervorgebracht, als dies in der modernen Gesellschaft der Fall sein kann.

Bourdieu hat sich selbst als Beispiel für das Zerrissene, Konflikthafte, Widersprüchliche im Habitus des modernen Individuums geschildert. In seiner letzten Vorlesung am *Collège de France*, die mit einem »Versuch einer Selbst-Analyse« schließt, hat er von seinem *»habitus clivé«*, von seinem gespaltenen Habitus gesprochen: »Das Zusammentreffen von einander widersprechenden Elementen, nämlich einerseits in die Bildungs-Aristokratie hineingewählt worden zu sein, anderseits aus einfachen sozialen Verhältnissen und aus der Provinz (und ich bin versucht zu sagen: aus einer ganz besonders provinziellen Provinz) zu kommen, war der Ausgangspunkt für die Entwicklung eines gespaltenen Habitus, der alle Arten von Widersprüchen und Spannungen produziert hat. [...] Einerseits eine Disposition zur Widerborstigkeit, besonders gegenüber dem Bildungswesen, der Alma Mater mit ihren beiden kontrastierenden Gesichtern, die, zweifellos weil sie Gegenstand einer exzessiven Gläubigkeit war, Gegenstand einer heftigen und ständigen Revolte ist, einer Revolte, die sich auf Schuld und Enttäuschung gründet. Auf der anderen Seite der Hochmut, ja sogar die Arroganz des ›Erwählten‹, der sich als wunderbarerweise zum Sohn seiner eigenen Werke Gewordenen sieht, als einer, der alle Herausforderungen bewältigt« (Bourdieu 2001: 215; eigene Übersetzung).

Wenn es richtig ist, dass der Habitus eines Menschen geformt und geprägt wird durch die sozialen Verhältnisse, in denen sie oder er in die Gesellschaft als handelndes Subjekt hineinwächst, dann ist anzunehmen, jedenfalls für die moderne Gesellschaft, dass die Habitus-prägenden Erfahrungen der Heranwachsenden durchaus heterogen und widersprüchlich sind und sich nicht bruchlos oder gar harmonisch ineinander fügen. Mit der Komplexität ihrer Strukturen und Kriterien sozialer Differenzierung legt die moderne Gesellschaft – anders als eine traditionale Gesellschaft wie die der Kabylen – zugleich Sprengsätze im Habitus der

Subjekte an, Konflikte zwischen unterschiedlichen Ordnungsvorstellungen und Verhaltensweisen, die die Selbstverständlichkeit der Praxen immer wieder ein Stück in Frage zu stellen vermögen. Nimmt man allein die beiden grundlegenden Dimensionen sozialer Ungleichheit unserer Gesellschaft, Klasse und Geschlecht, dann wird deutlich, dass im Zusammenwirken dieser beiden Dimensionen eine Fülle von Reibungspunkten, von heterogenen Erfahrungen für das Subjekt angelegt sind: Mädchen bürgerlicher Herkunft lernen gleichzeitig, dass ihnen die Welt offen steht, dass sie frei und im sozialen Raum ›oben‹ sind und dass sie doch nur zweitrangige Wesen sind, dass sie dem unterlegenen Geschlecht angehören, dass die Welt sie mit Barrieren, Beschränkungen und Grenzen konfrontiert. Und Mädchen aus Arbeiterfamilien mögen wohl lernen, dass sie nicht nur dem minderwertigen Geschlecht angehören, sondern auch in ihren sozialen Ansprüchen sich zu bescheiden haben, den Kopf einzuziehen haben gegenüber den Mächtigen und Besitzenden, sie lernen zugleich, dass sie, um ein menschenwürdiges Leben führen zu können, in der Lage sein müssen, ihre materielle Existenz durch eigene Arbeit zu sichern – denn dass ihr Lebensunterhalt und ihre soziale Position durch einen vermögenden Ehemann zuverlässig und über lange Jahre gesichert wird, ist eher unwahrscheinlich. Für beide Konstellationen gibt es in unserer Gesellschaft heute keine ›natürlichen‹ Lösungen, Entwicklungsmodelle, die Mädchen in feste, selbstverständliche Muster des Erwachsenseins als Frau hineinführen würden.

Die *doxa*, die Selbstverständlichkeit der sozialen Ordnung, wird in konflikthaften Erfahrungen leicht brüchig: Immer wieder werden Handlungsweisen und Interaktionen aus dem Fraglosen, Selbstverständlichen herausgerissen, werden Zusammenhänge bewusst, gibt es Anstöße zum Nachdenken über das eigene Verhalten, über den eigenen Ort in der Welt und Ansätze zur Auflehnung oder der bewussten Auseinandersetzung mit der sozialen Ordnung, mit einem Wort, immer wieder erfahren sich die Individuen in ihrer Praxis als reflektierende, bewusst handelnde Subjekte. Dass wir gleichwohl immer eingebunden bleiben in den sozialen Zusammenhang, nicht nur auf Grund äußerer Zwänge, sondern auch auf Grund der mit unserer Vergangenheit, unserem Habitus gegebenen Haltung zur Welt, wird leicht einsichtig, wenn man beispielsweise die ungeheuren Schwierigkeiten bedenkt, Gleichheit und Gleichberechtigung im Geschlechterverhältnis herzustellen, allen guten Absichten und individuellen Ausbruchsversuchen zum Trotz. Der Raum des Möglichen, des für das *eigene* Handeln Möglichen, bleibt durch die in den Institutionen ebenso wie im Habitus eingelagerte Arbeitsteilung zwischen Frau und Mann begrenzt.

Soziale Akteure und ihr Körper

Die soziale Rolle wird als Bündel von Verhaltenserwartungen gedacht; mit diesem Bezug auf *Erwartungen*, die sich wiederum auf übergeordnete Werte und Normen zurückführen lassen, bleibt sie ein mentales, körperloses Substrat. Das handelnde Subjekt gilt zwar als vielfältig von der Gesellschaft beeinflusst, geprägt, sozialisiert, kontrolliert; aber sein Hauptmerkmal ist, dass es die Welt in seinem Innern als denkendes Wesen rezipiert und entwirft. Die Handlungen der Menschen werden auf der Ebene der Abstraktion betrachtet, als Normen, Regeln, Gesetze, Erwartungen, Rollen, rationale Kalküle. Gesellschaftliches Handeln im Rahmen der Rollentheorie spielt sich damit vor allem in den Köpfen der Individuen ab. Ihre materielle Handlungspraxis kommt bei diesem theoretischen Zugang zum Sozialen nicht vor. Die sozialen Subjekte sind im Grunde als Geistwesen konzipiert, als Handelnde, die ohne Körper agieren. In der Parsons'schen Formulierung des Rollenkonzepts etwa wird der Körper als »Organismus« ausdrücklich herausgenommen aus dem sozialen System, das durch die Rollen konstituiert wird. Dass die Menschen einen Körper haben, wird zwar nicht geleugnet, dieser kann jedoch nur als biologischer Organismus und das heißt als ›Umwelt‹ des sozialen Systems ›Akteur‹ berücksichtigt werden – dies jedoch nicht in der Soziologie, sondern in den Wissenschaften, die sich mit diesem biologischen, materiellen Substrat der Person beschäftigen. Das Rollenkonzept verfehlt damit die spezifische Körperlichkeit des menschlichen Handelns, das heißt auch des sozialen Subjekts.

Die Entgegensetzung von Körper und Geist, die im Rollenkonzept wieder aufgenommen wird, ist uns vertraut und dem europäischen Denken seit langem geläufig. Mit dem Habituskonzept wird sie explizit über Bord geworfen: Der Habitus ist, wie Bourdieu schreibt, inkorporierte Struktur, inkorporierte Geschichte, und dies ist keineswegs bloße Metapher. Die *»illusio«*, der praktische Glaube an das Feld beispielsweise, der die unmittelbare Anerkennung ebenso wie die intuitive Beherrschung der Praktiken des Feldes hervorbringt, ist, wie Bourdieu schreibt, »kein ›Gemütszustand‹ und noch weniger eine willentliche Anerkennung eines Korpus von Dogmen und gestifteten Lehren (›Überzeugungen‹), sondern [...] *ein Zustand des Leibes*« (Bourdieu 1987: 26; Hervorhebung im Original). Nach Bourdieus Überzeugung findet die Konstruktion von Ordnungen in der sozialen Praxis statt; sie ist keine rein geistige Operation, die als solche nur im Denken des Subjekts anzusiedeln wäre. Die Regelhaftigkeit der Gesellschaft und der sozialen Subjekte entsteht im körperlichen Handeln, und der praktische Sinn – das ist die mit dem Habitus gegebene Fähigkeit, Handlungsweisen zu erzeugen, die mit den sozialen Ordnungen übereinstimmen – ist nichts anderes als »Natur gewordene, in motorische Schemata und automatische Körperreaktionen verwandelte gesellschaftliche Notwendigkeit« (ebd.: 127). Der Habitus als inkorporierte Erfahrung des Subjekts mit der sozialen Welt schlägt sich also nicht nur im Körper nieder, manifestiert sich in den Gesten, in der Körperhaltung und im Körpergebrauch, und der Körper fungiert auch nicht nur als ein Medium, in dem sich der Habitus *ausdrückt*; vielmehr *ist* der Körper als Speicher sozialer Erfahrung wesentlicher Bestandteil des Habitus.

Insofern der Habitus gebunden ist an den lebenden Menschen, an die Person, und damit an die körperliche Existenz des Menschen, wird auch unmittelbar einsichtig, dass ein Mensch *einen* Habitus hat, nicht mehrere. Anders als bei der Vorstellung vom sozialen Akteur als dem Träger vieler verschiedener sozialer Rollen kann eine Person nur *einen* Habitus haben, in dem sich ihre vielfältigen, sehr unterschiedlichen, über das ganze Leben sich erstreckenden Erfahrungen in der Welt und mit der Welt niedergeschlagen haben. Die Trennung, die die Soziologin vornimmt, wenn sie einmal vom Klassenhabitus, ein andermal vom geschlechtsspezifischen und ein drittes Mal von einem auf das konkrete soziale Feld abgestimmten Habitus spricht, ist nichts anderes als eine nachlässige Redeweise: Jeweils *eine* Dimension des Sozialen wird herausgegriffen, analytisch abgetrennt und für sich betrachtet; das Individuum selbst verkörpert jedoch die Gesamtheit des Sozialen, in dem es lebt und handelt. Mit dem Habitus sind wir in der Welt und haben die Welt in uns.

Dass der Körper im Habitus-Konzept zum konstitutiven Bestandteil des handelnden Subjekts und damit der sozialen Welt wird, ist für die Soziologie folgenreich: Damit ergibt sich ein systematischer Anknüpfungspunkt für eine soziologische Analyse der körperlichen Dimension des Sozialen (vgl. dazu ausführlich Gebauer/Wulf 1998). Es wird sichtbar, dass die Vorstellungen, Absichten, Erwartungen, Strategien, Kalküle der Akteure, also das Mentale des sozialen Handelns, nur eine Seite sozialer Interaktion sind, die von einer zweiten Seite abhängig ist. Diese zeigt, wie sich die Personen körperlich aufführen, wie sie sich bewegen, welche Gesten sie ausgeprägt haben, wie sie ihr »Spiel« spielen. Das aber heißt, dass das Soziale in einer körperlichen Interaktion wahrnehmbar, im eigentlichen Sinne erfahrbar wird, nämlich mit den Sinnen. Die sinnliche, über den Habitus vermittelte Erfahrung der sozialen Welt ist weit mehr als ein passives Aufnehmen, vielmehr wird das Soziale, werden die objektiven sozialen Bedingungen, indem sie über den Habitus inkorporiert werden, in eigene, subjektive Konstruktionen umgeformt. Hier kommt wieder die aktive Seite des Habitus ins Spiel: Wenn Bourdieu schreibt, der Habitus sei »das Körper gewordene Soziale« (Bourdieu/Wacquant 1996a: 161), so handelt es sich bei den Prozessen, in denen das Soziale in den Habitus eingelagert wird, um eine aktive Auseinandersetzung mit der Welt, um eine Einverleibung der Welt im konkreten Erfahrungs- und Handlungskontext.

Bourdieu knüpft hier an Kant an, wie vor allem in den *»Feinen Unterschieden«* deutlich wird, in denen es um die Strukturierung des sozialen Raumes durch eine Praxis geht, die Geschmacksurteile einsetzt, Urteile, die sich auf die sinnliche Wahrnehmung gründen. Das Individuum befindet sich zwar in einer strukturierten gesellschaftlichen Umwelt, aber es empfängt von dieser nichts anderes als eine Vielzahl inkohärenter Sinneseindrücke und muss die Fragmente eines gleichsam zersplitterten Bildes zu einem systematisch organisierten Ganzen zusammensetzen. Es muss die von den Sinnen herbeigebrachten unzusammenhängenden Einzelteile zu einem Bild der Welt synthetisieren. Dies ist ein von Kant entwickelter Grundgedanke, dass nämlich die Welt vom Menschen nicht in ihrer naturgegebenen Beschaffenheit wahrgenommen wird, sondern dass sie allein mit Hilfe der Leistung des Menschen konstruierend gewonnen wird. Freilich entwirft Bourdieu diesen Prozess nicht als einen rein geistigen wie Kant, sondern als einen sozialen und praktischen. Die wesentliche Instanz ist dabei der Körper mit seinen Sinnen und seinen Bewegungen innerhalb der sozialen Welt. Wo Kant allen Sinneseindrücken ein transzendentales »Ich denke« hinzufügt und ihnen auf diese Weise Kohärenz gibt, findet man bei Bourdieu die Konstruktionen des Habitus, der mit Hilfe der Vernunft des Körpers aufgebaut wird.

Das Individuum und seine Gesellschaft

Die Rollentheorie begreift das vergesellschaftete Individuum als Rollenträger und Rollenspieler – wohl wissend, dass damit nur ein Ausschnitt der menschlichen Existenz erfasst wird: Jeder einzelne Mensch ist mehr als alle seine Rollen zusammen. Aber nicht nur das: Die spezifischen Erwartungen, die eine soziale Rolle an das Handeln der Individuen richtet, werden diesem von außen angesonnen. Wie die Rolle im Theaterstück, die nicht der Schauspieler für sich entwickelt hat, sondern ein anderer, nämlich der Dramatiker, ist die soziale Rolle, die ein Individuum übernimmt, immer schon vorhanden, ›geschrieben‹ von der Gesellschaft. In der Rolle steht die Gesellschaft dem Individuum gegenüber. Besonders pointiert hat dies Dahrendorf formuliert: »Am Schnittpunkt des Einzelnen und der Gesellschaft steht *homo sociologicus*, der Mensch als Träger sozial vorgeformter Rollen. Der Einzelne *ist* seine sozialen Rollen, aber diese Rollen *sind* ihrerseits die ärgerliche Tatsache der Gesellschaft« (Dahrendorf 1964: 16; Hervorhebungen im Original). In dieser Formulierung schlägt sich ein Verständnis des Verhältnisses von Individuum und Gesellschaft nieder, das in Deutschland besonders ausgeprägt ist und eine lange Tradition hat. Individuum und Gesellschaft werden einander als antagonistische Konzepte gegenübergestellt; Gesellschaft erscheint als zwar notwendige, aber doch, wie Dahrendorf schreibt, »ärgerliche« Tatsache, als ›Zumutung‹, die das Individuum mit seinen in ihm angelegten Potentialen eingrenzt, einengt, ihm Zwang antut.[12]

Über das Habitus-Konzept erschließt sich ein völlig anderes Verständnis des Verhältnisses von Individuum und Gesellschaft: Durch sein körperliches In-der-Welt-Sein ist der Mensch immer schon in der Gesellschaft, und zwar in einer konkreten, in Raum und Zeit lokalisierten Gesellschaft. Dieses In-der-Gesellschaft-Sein ist nicht als passives Ruhen in der Gesellschaft zu verstehen, es ist vielmehr von vornherein Tätigkeit, aktive Auseinandersetzung mit der sozialen Welt. Gesellschaft und Individuum erzeugen sich gegenseitig. Erinnert sei an die oben bereits angeführte Formulierung Bourdieus von der Objektivierung der Geschichte in doppelter Form, zum einen in den Institutionen, zum anderen in den Habitus (siehe S. 34f. in diesem Band). Die Beteiligung der Individuen an sozialen Prozessen erschöpft sich nicht darin, dass sie Erfahrungen machen, dass sie Rollen übernehmen und sich in Interaktionen gegenüber anderen behaupten – sie besteht wesentlich auch darin, dass sie mit ihrem Handeln, mit ihren Sinnen selbst die soziale Welt erzeugen. Mit Hilfe der Kategorie des Habitus, diesem »Körper gewordenen Sozialen«, das unsere Praxis anleitet und strukturiert, können wir begreifen, dass und wie Gesellschaft in den sozialen Subjekten Gestalt annimmt. In ihrer vom Habitus hervorgebrachten Praxis wiederum beziehen sich die Individuen auf die vorgefundenen gesellschaftlichen Strukturen und Institutionen, eignen sich diese an, verändern sie, schaffen sie neu.

Was aber ist mit dem Aspekt der Zumutung und des Zwangs von Gesellschaftlichkeit, auf den Dahrendorf sich bezieht, wenn er von der »ärgerlichen Tatsache der Gesellschaft« spricht? In der Gegenüberstellung von Individuum und Gesellschaft, wie sie sich in den dem Individuum von außen angesonnenen sozialen Rollen und Normen manifestiert, muss Gesellschaft in der Tat von vornherein und immer als Zwangsveranstaltung gegenüber dem

Individuum und seinem ›eigentlichen‹ Wesen erscheinen. Bourdieus Soziologie ist hier genauer: Nicht Gesellschaft als solche ist eine ›Zumutung‹, problematisch ist vielmehr Herrschaft. Und Herrschaft tritt nicht einfach von außen an das Individuum heran, sie ist, über den Habitus, immer auch in das Individuum selbst eingelagert.

Zweck-Mittel-Rationalität und das Spiel des Sozialen

Das von der sozialen Rolle getragene soziale Handeln spielt sich nicht nur weitgehend in den Köpfen der sozialen Subjekte ab, es orientiert sich auch am Modell bewusster Zweck-Mittel-Rationalität. Die Rolle unterstellt bewusstes ›Wissen‹ der Interaktionspartner um die Erwartungen der jeweils anderen ebenso wie Rationalität des Rollenhandelns in Bezug auf die jeweiligen funktionalen Erfordernisse. Bourdieu hingegen geht von einem Verständnis sozialen Handelns aus, das »eine Art objektiver Zweckbestimmtheit enthält, ohne daß es bewußt auf einen explizit formulierten Zweck bezogen wäre«; das »verständlich und schlüssig ist, ohne einem festen Vorsatz und einem klaren Entschluß entsprungen zu sein«; das »auf die Zukunft ausgerichtet ist, ohne doch Resultat eines Entwurfs oder Plans zu sein« (Bourdieu 1981b: 169).

Als Bestandteil des lebenden Organismus arbeitet der Habitus entsprechend der Funktionsweise lebender Systeme, das heißt nach einer systemischen, nicht nach einer mechanistischen Logik. Das bedeutet auch: Der Habitus ist kreativ, er variiert, geht mit neuen Situationen anders um als mit alten. Er kann also auf keinen Fall als ein abgeschlossenes ›Handlungsprogramm‹ im Sinne verinnerlichter, fixierter Regeln oder Werte gedacht werden. Die vom Habitus hervorgebrachte soziale Praxis fasst nicht nur weit mehr als festgelegte Normen, Erwartungen und Handlungsweisen nach dem Modell rationalen Handelns, sondern erlaubt auch Gesellschaft und soziale Interaktion flüssiger, offener und innovativer zu denken. Die Metapher, mit der die Funktionsweise von Gesellschaft begriffen werden kann, ist nicht mehr die des Räderwerks, in dem alle Rädchen und Stangen ineinander greifen, oder des gut eingerichteten Automaten, der zusammenbricht, wenn Materialien oder einzelne Bestandteile von der Norm abweichen. Wie schon im Zusammenhang mit Habitus und sozialem Feld erläutert (vgl. insbesondere S. 58ff. in diesem Band), verwendet Bourdieu die Metapher des Spiels, um die für die Funktionsweise des Habitus charakteristische Unmittelbarkeit und Kreativität anschaulich zu machen: Wer etwa beim Fußballspiel über große Spielerfahrung verfügt, das Spiel beherrscht, braucht nicht lange nachzudenken, wenn der Ball plötzlich in einer Spielsituation auf ihn zukommt, in der er ihm noch nie zugespielt wurde, er wird intuitiv ›wissen‹ und tun, was zu tun ist. In einem anderen, bislang unbekannten Spiel hingegen, in ganz anderen sozialen Verhältnissen wird sich dieses »wundersame Zusammentreffen [...] von einverleibter und objektivierter Geschichte, das die fast perfekte Vorwegnahme der Zukunft in allen konkreten Spielsituationen ermöglicht« (Bourdieu 1987: 122), nicht herstellen; man kommt mit gänzlich neuen Situationen und Verhältnissen nicht zurecht, handelt unangemessen. Oft gelingt es, in neue Situationen mit einigem Erfolg Handlungsstrukturen aus der Vergangenheit zu übertragen, wie das, um im Bild zu bleiben, gerade beim Sport möglich ist, etwa wenn die Erfahrungen des Umgangs mit dem Ball aus dem Fußballspiel in das Handballspiel übertragen werden – wer jedoch noch nie irgendeine Art von Spielpraxis mit Bällen hatte, wird sich schwer tun etwa mit der Übertragung der Bewegungsabläufe vom Fahrradfahren in ein Volleyballspiel, und sei es am Samstagnachmittag auf der Wiese beim Picknick mit Freunden.

Wie schon bei George Herbert Mead, der ebenfalls die Spiel-Metapher verwendet (Mead 1968), soll diese deutlich machen, dass soziales Handeln sich nur zum geringsten Teil als bewusst kalkulierendes und in diesem Sinne ›rationales‹ Handeln beschreiben lässt. Vielmehr ist soziales Handeln weitgehend spontan, es folgt einer sozialen Logik, die intuitiv gewusst wird, die den Individuen so selbstverständlich ist, dass sie nicht darüber nachdenken, ja nicht einmal darüber nachdenken *können*, wie beim Gehen, bei dem man auch nicht darüber nachdenken kann, wie man die Füße zu setzen und die Beine zu bewegen hat. Gesellschaft ist ein Miteinander und Gegeneinander von Akteuren, die sich wechselseitig als Mitspieler anerkennen. Bourdieus Soziologie nimmt die Individuen als Subjekte der Geschichte ernst, in ihrer ursprünglichen Gesellschaftlichkeit – sie sieht sie allerdings nicht als isolierte Individuen, von denen jedes Einzelne als Schöpfer seiner eigenen sozialen Welt konstruiert ist nach dem Bilde Gottes, wie es uns in der Theologie gegenübertritt. Die Gesellschaft nimmt in den sozialen Subjekten Gestalt an, sie wird von den Individuen angeeignet, in sie hineingenommen und gestaltet. Gesellschaft wiederum konstituiert sich über die Praxis der Subjekte, indem diese dem Möglichkeitsraum, den sie vorfinden, durch ihr Handeln – ihr soziales Spiel – eine konkrete Struktur und Gestalt geben.

Biographische Notiz

Pierre Bourdieu wurde 1930 in Denguin, einem kleinen Ort im Béarn (im Südwesten Frankreichs) geboren. Sein Vater war der Sohn eines *métayer*, eines besitzlosen, noch halb abhängigen Bauern, der um den Zeitpunkt der Geburt seines Sohnes Pierre herum Angestellter bei der Post wurde. Pierre Bourdieu ging zunächst im Dorf zur Schule, fiel jedoch von Anfang an durch seine herausragenden Schulleistungen auf. Er besuchte dann das Gymnasium in Pau, der 20 km entfernten Hauptstadt des Départements, und kam schließlich zur Vorbereitung des Eintritts in die *École Normale Supérieure*, die französische Elite-Hochschule der Lehrerausbildung, an das eine der beiden renommiertesten Gymnasien Frankreichs, das Gymnasium *Louis le Grand* in Paris. 1951 wurde er in die *École Nationale Supérieure* aufgenommen und absolvierte sein Studium wiederum mit herausragenden Leistungen: Er schloss sein Studium 1955 mit der *agrégation* in Philosophie als Bester seines Jahrgangs ab. Das soziale und intellektuelle Klima an der *École Nationale Supérieure* der Fünfzigerjahre war zum einen geprägt von der Kultur des Bürgertums, zum andern aber – durchaus in personeller Identität mit den Repräsentanten dieser Kultur in der École – von der studentischen Zelle der damals durch und durch stalinistischen Kommunistischen Partei Frankreichs. Bourdieu ging auch hier seinen eigenen Weg: Er wurde *nicht* Parteimitglied; sein ganzes Leben lang hatte er ein kritisches Verhältnis zu Partei- und anderen bürokratischen Apparaten.

Im Anschluss an das Studium ging er als Wehrpflichtiger nach Algerien, in ein Land, das vom Befreiungskrieg gegen Frankreich erschüttert wurde. An der Universität von Algier hatte er seine erste akademische Stelle; er war Assistent an der Geisteswissenschaftlichen Fakultät und beschäftigte sich intensiv mit den Methoden der soziologischen Forschung. 1961 kehrte er nach Frankreich zurück, wo er an der *Sorbonne* in Paris und an der Universität von Lille unterrichtete.

1964 wurde Bourdieu zum *directeur d'études* an der *École Pratique des Hautes Études* berufen (später *École des Hautes Études en Sciences Sociales* – EHESS), das heißt an einer Hochschule, die den Status einer *grande école* hat. Die Position als *directeur d'études* entspricht der einer Professur an einer Universität. An der *École Pratique* nahm ihn Raymond Aron unter seine Fittiche, der ihn auch mit der Co-Direktion seines Forschungsinstituts, des *Centre Européen de Sociologie Historique* betraute. 1968 kam es zum Bruch zwischen den beiden; Bourdieu gründete sein eigenes Institut, das *Centre de Sociologie Européenne*, und einige Jahre später (1975) auch seine eigene Zeitschrift, die *Actes de la recherche en sciences sociales*.

Obwohl Bourdieus Arbeiten auch in Frankreich immer kontrovers diskutiert wurden, war er spätestens gegen Ende der Siebzigerjahre als Erneuerer der Soziologie und herausragender Wissenschaftler weithin anerkannt. 1981 wurde er auf den Lehrstuhl für Soziologie am *Collège de France* berufen, der Spitzen-Institution der französischen Wissenschaftslandschaft. Das *Centre National de Recherche Scientifique* (CNRS), das französische Pendant zur Deutschen Forschungsgemeinschaft in der Wissenschaftsförderung, verlieh ihm 1993 die höchste Auszeichnung, die Goldmedaille.

Pierre Bourdieu war verheiratet und hatte drei Söhne. Er starb am 23. Januar 2002 in Paris.

Anmerkungen

1 So wird beispielsweise das von Bourdieu verwendete Wort *»corps«* = »Körper« häufig mit »Leib« übersetzt, was nicht nur altertümlich klingt, sondern auch begrifflich auf philosophische Voranahmen gegründet ist, die von seiner Theorie überwunden werden sollen. Für Bourdieu war dieses Problem jedoch vollkommen irrelevant, um nicht zu sagen überflüssig.

Ein anderes Übersetzungsproblem ist mit dem von Bourdieu verwendeten Wort *»agent«* gegeben, für das sich im Deutschen Wörter wie »Akteur«, »handelndes Individuum«, »soziales Subjekt« finden. Bourdieu hat sich verschiedentlich gegen den Begriff *»acteur«* ausgesprochen, der im Französischen zunächst den Schauspieler meint, und auch gegen den Begriff »soziales Subjekt«, der ihm zu stark mit der Subjekt-Philosophie verbunden war, gegen die er sich ausdrücklich wandte. *»Agent«* dagegen hat ein weites Bedeutungsspektrum: Es meint zunächst einfach den/die Handelnde(n), aber auch den Agenten im Sinne unseres früher gebräuchlichen ›Handelsagenten‹ oder auch des ›Geheimagenten‹, also des für eine Organisation oder (fremde) Macht Handelnden. Wenn Bourdieu vom *»agent«* spricht, so geht es ihm auch um diese Konnotationen: Die handelnden Individuen handeln nicht nur für sich, sondern – als soziale Wesen – immer auch für die Gesellschaft, das heißt über sie vermittelt macht sich Gesellschaft wirksam. Wir haben jedoch im Deutschen kein Wort, das dem *»agent«* mit seinem spezifischen Assoziationsraum vergleichbar wäre.

Unverständlich ist auch, weshalb der Übersetzer *»Sozialer Sinn«* (Bourdieu 1987) für Bourdieus Bezeichnung *»sens pratique«* (Bourdieu 1980) gewählt hat.

2 Seine Zulassungsarbeit zur *agrégation* schrieb Bourdieu über Leibniz (vgl. Bourdieu 1953).

3 Dass die *»Feinen Unterschiede«* in Deutschland als Bourdieus Hauptwerk bezeichnet werden, hat in erster Linie mit der Bourdieu-Rezeption hier zu Lande zu tun. Es gibt jedoch kein einzelnes Werk Bourdieus, das als sein ›Hauptwerk‹ an-

gesehen werden könnte, da seine charakteristische Soziologie der gesellschaftlichen Praxis schon in den ersten Arbeiten im Ansatz vorlag und über die verschiedenen empirischen Untersuchungen und theoretischen Reflexionen konsequent weiterentwickelt und differenziert wurde. Die besondere Leistung Bourdieus ebenso wie die Grenzen seiner Soziologie erschließen sich nur, wenn man sein Werk im Ganzen betrachtet. Als grundlegende Arbeit der theoretischen Reflexion seines Zugangs zur sozialen Welt ist jedoch bereits der 1972 veröffentlichte Band *»Esquisse d'une théorie de la pratique«* (dt. 1976a) zu sehen. Spätere Arbeiten sind Ausführungen, empirische Anwendungen, Differenzierungen, Weiterentwicklungen der dort vorgetragenen Überlegungen.

4 Es ist auch deshalb nicht einfach, weil sehr frühe Arbeiten, wie zum Beispiel *»Algérie 60«*, erst lange nach ihrer Entstehung veröffentlicht worden sind, in diesem Falle 1977.

5 Die Arbeiten von Arnold Gehlen zählen bis heute zu den wichtigen Beiträgen der Philosophischen Anthropologie. Mit seiner Vorstellung von der menschlichen Existenz als einem Kampf ohne Grenzen lieferte er, durchaus intendiert und im Sinne einer politischen Positionierung, eine philosophische Untermauerung der faschistischen Ideologie.

6 Man kann dieses Am-Leben-Erhalten der Institutionen am Beispiel einer sehr alten Institution, der katholischen Kirche, illustrieren: Bis heute prägt sie in Europa die zeitliche Gliederung des Alltags mit der Aufteilung des Jahres nach den kirchlichen Feiertagen, nach Werktagen und dem Sonntag, sie prägt das Leben der Menschen, indem sie bestimmte Vorstellungen von Moral und Sitte einhalten, bei wichtigen Ereignissen im Leben den Segen und die Rituale der Kirche haben wollen, bei Veränderungen und strittigen Fragen Zuflucht und Rat bei der Kirche suchen und Ähnliches mehr. Der Erhalt der Institution, ihre ständige Reaktivierung im Handeln und im Denken der Subjekte hat jedoch zugleich die Institution selbst verändert – die Macht über Kaiser und Könige, modern gesprochen: über die politischen Institutionen, hat sie verloren; die Inquisition ist abgeschafft; um ihren Anteil am gesellschaftlichen Reichtum einzuziehen, muss sie

Verträge mit Regierungen schließen oder ist auf Spenden angewiesen; und die moralische Autorität ihres Oberhaupts und damit auch der besondere Status des Papstes wird nur noch von Teilen der Bevölkerung anerkannt. Mit der zunehmenden gesellschaftlichen Arbeitsteilung und der Ausbildung eines religiösen Feldes hat die Kirche ihre einst allumfassende Macht verloren; sie ist zu einer spezialisierten Institution geworden.

7 Inwieweit dieser Vorwurf stichhaltig ist, kann hier nicht diskutiert werden.

8 Wer kennt nicht die heißen Debatten in ›emanzipierten‹ Familien um die Frage, ob man dem kleinen Sohn nicht angewöhnen müsste, auch beim ›kleinen Geschäft‹ die Toilette sitzend zu benutzen.

9 Selbst vermeintlich neutrale Ausdrücke, wie zum Beispiel die Repräsentation des weiblichen Genitals als ›Loch‹, haben keinerlei Bezug zu dessen tatsächlicher Gestalt – diese Wortwahl ist nur zu verstehen, wenn man die Frau vom Mann her denkt, das heißt das weibliche Genital als Negativbild des Phallus imaginiert.

10 So etwa in der französischen Literatur bei Stendhal, Flaubert, Proust; in der deutschsprachigen Literatur, um einige wenige Namen zu nennen, beispielsweise E.T.A. Hoffmann, aber auch Arthur Schnitzler mit dem inneren Monolog im *»Leutnant Gustl«* oder Max Frisch mit dem in den frühen Sechzigerjahren geschriebenen Roman *»Mein Name sei Gantenbein«*, der ganz offenkundig die Diskussionen um das Rollenkonzept in der Soziologie aufnimmt.

11 Bourdieu verweist mit dem Wort »Familienähnlichkeit« auf Wittgenstein (vgl. dazu Gebauer 1994). In den *»Philosophischen Untersuchungen«* fragt Wittgenstein, was das Gemeinsame von Spielen sei. Seine Antwort: »Sag nicht, es muss ihnen etwas gemein sein, sonst hießen sie nicht ›Spiele‹ – sondern schau, ob ihnen allen etwas gemeinsam ist. Denn, wenn du sie anschaust, wirst du zwar nicht etwas sehen, was allen gemeinsam wäre, aber du wirst Ähnlichkeiten, Verwandtschaften sehen, und zwar eine ganze Reihe. Wie gesagt: denk nicht, sondern schau!« (Wittgenstein 1960: § 66).

12 Diese Vorstellung geht vor allem auf Rousseau zurück, der in Deutschland besonderen Erfolg hatte. Der erste Satz seines »*Émile*« lautet: »Alles ist gut, wie es aus den Händen des Schöpfers kommt; alles entartet unter den Händen des Menschen« (Rousseau 1971: 9). Und weiter heißt es: »Der natürliche Mensch ruht in sich. Er ist eine Einheit und ein Ganzes« (ebd.: 12).

Literatur

ARISTOTELES: *Nikomachische Ethik*, 3. Auflage, Darmstadt: Wissenschaftliche Buchgesellschaft 1964.

BACHELARD, GASTON (1978): *Die Bildung des wissenschaftlichen Geistes. Beitrag zu einer Psychoanalyse der objektiven Erkenntnis*, Frankfurt/Main: Suhrkamp. (Frz. zuerst 1938)

BOURDIEU, PIERRE (1953): *Leibnitii animadversiones in partem generalem principiorum Cartesianum*. Traduits du latin et commentés par Pierre Bourdieu, Thèse du 2ème cycle pour le diplôme d'études supérieures, Paris: École Nationale Supérieure. (unveröffentlicht)

BOURDIEU, PIERRE (1958): *Sociologie de l'Algérie*, Paris: PUF.

BOURDIEU, PIERRE (1962a): »Les relations entre les sexes dans la société paysanne«. *Les temps modernes* 195, S. 307–331.

BOURDIEU, PIERRE (1962b): »Célibat et condition paysanne«. *Études rurales* 5–6, S. 32–136.

BOURDIEU, PIERRE/DARBEL, A./RIVET, J. P./SEIBEL, C. (1963): *Travail et travailleurs en Algérie*, Paris/La Haye: Mouton.

BOURDIEU, PIERRE/SAYAD, ABDELMALEK (1964a): *Le déracinement. La crise de l'agriculture traditionelle en Algérie*, Paris: Minuit.

BOURDIEU, PIERRE/PASSERON, JEAN-CLAUDE (1964b): *Les héritiers. Les étudiants et la culture*, Paris: Minuit.

BOURDIEU, PIERRE/BOLTANSKI, L./CASTEL, R./CHAMBOREDON, J. C. (1965): *Un art moyen. Essai sur les usages sociaux de la photographie*, Paris: Minuit. (Dt.: DIES. 1981a)

BOURDIEU, PIERRE (1966a): »Champ intellectuel et projet créateur«. *Les temps modernes* 246, S. 865–906. (Dt.: BOURDIEU 1974b)

BOURDIEU, PIERRE/DARBEL, A./SCHNAPPER, D. (1966b): *L'amour de l'art. Les musées d'art européens et leur public*, Paris: Minuit.

BOURDIEU, PIERRE/CHAMBOREDON, JEAN-CLAUDE/PASSERON, JEAN-CLAUDE (1968): *Le métier de sociologue*, Paris: Mouton/Bordas. (Dt.: DIES. 1991a)

BOURDIEU, PIERRE (1969): »La maison ou le monde renversé«. In: *Échanges et communications, Mélanges offerts à Lévi-Strauss à l'occasion de son 60e anniversaire*, Paris/La Haye: Mouton, S. 739–758. (Dt. in: BOURDIEU 1976a, S. 48–65)

Bourdieu, Pierre/Passeron, Jean-Claude (1970): *La reproduction. Éléments pour une théorie du système d'enseignement*, Paris: Minuit.

Bourdieu, Pierre (1971a): »Genèse et structure du champ religieux«. *Revue française de sociologie* 12/3, S. 295–334. (Dt. in: Bourdieu 2000c)

Bourdieu, Pierre/Passeron, Jean-Claude (1971b): *Die Illusion der Chancengleichheit*, Stuttgart: Klett. (Enthält Teile von Bourdieu/Passeron 1964b und Bourdieu/Passeron 1970)

Bourdieu, Pierre (1971c): »Champ du pouvoir, champ intellectuel et habitus de classe«. *Scolies* 1, S. 7–26.

Bourdieu, Pierre (1972): *Esquisse d'une théorie de la pratique, précédée de trois études d'ethnologie kabyle*, Genf: Droz. (Dt.: Bourdieu 1976a)

Bourdieu, Pierre (1974a): »Der Habitus als Vermittler zwischen Struktur und Praxis«. In: Ders.: *Zur Soziologie der symbolischen Formen*, Frankfurt/Main: Suhrkamp, S. 125–158.

Bourdieu, Pierre (1974b): »Künstlerische Konzeption und intellektuelles Kräftefeld«. In: Ders: *Zur Soziologie der symbolischen Formen*, Frankfurt/Main: Suhrkamp, S. 75–124.

Bourdieu, Pierre (1976a): *Entwurf einer Theorie der Praxis auf der Grundlage der kabylischen Gesellschaft*, Frankfurt/Main: Suhrkamp.

Bourdieu, Pierre (1976b): *Die politische Ontologie Martin Heideggers*, Frankfurt/Main: Syndikat.

Bourdieu, Pierre (1977): *Algérie 60*, Paris: Minuit. (Dt.: Bourdieu 2000a)

Bourdieu, Pierre/de Saint Martin, Monique (1978): »Le patronat«. *Actes de la recherche en science sociales* 20/21, S. 2–82.

Bourdieu, Pierre (1979): *La distinction. Critique sociale du jugement*, Paris: Minuit. (Dt.: Bourdieu 1982a)

Bourdieu, Pierre (1980): *Le sens pratique*, Paris: Minuit. (Dt.: Bourdieu 1987)

Bourdieu, Pierre/Boltanski, L./Castel, R./Chambordedon, J. C. (1981a): *Eine illegitime Kunst. Die sozialen Gebrauchsweisen der Photographie*, Frankfurt/Main: Europäische Verlagsanstalt.

Bourdieu, Pierre (1981b): »Klassenschicksal, individuelles Handeln und das Gesetz der Wahrscheinlichkeit«. In: Pierre

Bourdieu/Luc Boltanski/Monique de Saint Martin/Pascale Maldidier: *Titel und Stelle. Über die Reproduktion sozialer Macht*, Frankfurt/Main: Europäische Verlagsanstalt, S. 169–226.

Bourdieu, Pierre (1982a): *Die feinen Unterschiede. Kritik der gesellschaftlichen Urteilskraft*, Frankfurt/Main: Suhrkamp.

Bourdieu, Pierre (1982b): *Ce que parler veut dire. L'économie des échanges linguistiques*, Paris: Fayard. (Dt.: Bourdieu 1990b)

Bourdieu, Pierre (1984): *Homo academicus*, Paris: Minuit. (Dt.: Bourdieu 1988b)

Bourdieu, Pierre (1986a): »L'illusion biographique«, *Actes de la recherche en sciences sociales* 62/63, S. 69–72. (Dt. in: Bourdieu 1998a, S. 75–83)

Bourdieu, Pierre ([1980] 1986b): »Comment peut-on être sportif?«. In: Ders.: *Questions de sociologie*, Paris: Minuit, S. 173–195. (Dt.: »Historische und soziale Voraussetzungen des modernen Sports«. In: Hortleder/Gebauer 1986, S. 91–112)

Bourdieu, Pierre (1986c): »La force du droit. Éléments pour une sociologie du champs juridique«. *Actes de la recherche en sciences sociales* 64, S. 5–19.

Bourdieu, Pierre (1987): *Sozialer Sinn*, Frankfurt/Main: Suhrkamp.

Bourdieu, Pierre (1988a): *L'ontologie politique de Martin Heidegger*, Paris: Minuit. (Dt.: Bourdieu 1976b)

Bourdieu, Pierre (1988b): *Homo academicus*, Frankfurt/Main: Suhrkamp.

Bourdieu, Pierre (1989a): *La noblesse d'état. Grandes écoles et esprit de corps*, Paris: Minuit.

Bourdieu, Pierre (1989b): *Satz und Gegensatz. Über die Verantwortung der Intellektuellen*, Berlin: Wagenbach.

Bourdieu, Pierre (1990a): »La domination masculine«. *Actes de la recherche en sciences sociales* 84, S. 2–31. (Dt.: Bourdieu 1997a)

Bourdieu, Pierre (1990b): *Was heißt sprechen? Die Ökonomie des sprachlichen Tausches*, Wien: Braumüller.

Bourdieu, Pierre/Chamboredon, Jean-Claude/Passeron, Jean-Claude (1991a): *Soziologie als Beruf. Wissenschaftstheore-*

tische Voraussetzungen soziologischer Erkenntnis, Berlin, New York: de Gruyter.

Bourdieu, Pierre (1991b): »Inzwischen kenne ich alle Krankheiten der soziologischen Vernunft«. Pierre Bourdieu im Gespräch mit Beate Krais. In: Pierre Bourdieu/Jean-Claude Chamboredon/Jean-Claude Passeron (1991a): *Soziologie als Beruf. Wissenschaftstheoretische Voraussetzungen soziologischer Erkenntnis,* Berlin, New York: de Gruyter, S. 269–283.

Bourdieu, Pierre (1992): *Les règles de l'art. Genèse et structure du champ littéraire,* Paris: Seuil. (Dt.: Bourdieu 1999)

Bourdieu, Pierre et al. (1993): *La misère du monde,* Paris: Seuil. (Dt.: Bourdieu et al. 1998c)

Bourdieu, Pierre (1994): *Raisons pratiques. Sur la théorie de l'action,* Paris: Seuil. (Dt.: Bourdieu 1998a)

Bourdieu, Pierre/Wacquant, Loïc ([1992] 1996a): *Réponses pour une anthropologie réflexive,* Paris: Seuil. (Dt.: Dies. 1996b)

Bourdieu, Pierre/Wacquant, Loïc (1996b): *Reflexive Anthropologie,* Frankfurt/Main: Suhrkamp.

Bourdieu, Pierre (1997a): »Die männliche Herrschaft«. In: Irene Dölling/Beate Krais (Hg.) (1997): *Ein alltägliches Spiel,* Frankfurt/Main: Suhrkamp, S. 153–217.

Bourdieu, Pierre (1997b): *Méditations pascaliennes,* Paris: Seuil.

Bourdieu, Pierre (1997c): »Eine sanfte Gewalt. Pierre Bourdieu im Gespräch mit Irene Dölling und Margareta Steinrücke«. In: Irene Dölling/Beate Krais (Hg.) (1997): *Ein alltägliches Spiel,* Frankfurt/Main: Suhrkamp, S. 218–230.

Bourdieu, Pierre (1998a): *Praktische Vernunft. Zur Theorie des Handelns,* Frankfurt/Main: Suhrkamp.

Bourdieu, Pierre (1998b): *La domination masculine,* Paris: Seuil.

Bourdieu, Pierre et al. (1998c): *Das Elend der Welt,* Konstanz: UVK.

Bourdieu, Pierre (1999): *Die Regeln der Kunst,* Frankfurt/Main: Suhrkamp.

Bourdieu, Pierre (2000a): *Die zwei Gesichter der Arbeit,* Konstanz: UVK.

Bourdieu, Pierre (2000b): *Les structures sociales de l'économie,* Paris: Seuil.

Bourdieu, Pierre (2000c): *Das religiöse Feld. Texte zur Ökonomie des Heilsgeschehens*, Konstanz; UVK.

Bourdieu, Pierre (2001): *Science de la science et réflexivité. Cours du Collège de France 2000–2001*, Paris: Raison d'agir.

Chomsky, Noam (1969): *Aspekte zur Syntax-Theorie*, Frankfurt/Main: Suhrkamp.

Collège de France (1985): *Propositions pour l'enseignement de l'avenir. Elaborées à la demande de M. le Président de la République par les Professeurs du Collège de France*, Paris. (Dt.: gekürzt in: *Neue Sammlung* 25, 1985, 3, S. 395–402)

Dahrendorf, Ralf (1964): *Homo sociologicus*, Köln, Opladen: Westdeutscher Verlag.

Dumont, Louis (1991): *Individualismus. Zur Ideologie der Moderne*, Frankfurt/Main, New York: Campus.

Gebauer, Gunter/Wulf, Christoph (1992): *Mimesis. Kultur – Gesellschaft – Kunst*, Reinbek: Rowohlt.

Gebauer, Gunter/Wulf, Christoph (Hg.) (1993): *Praxis und Ästhetik. Neue Perspektiven im Denken Pierre Bourdieus*, Frankfurt/Main: Suhrkamp.

Gebauer, Gunter (1994): »Bourdieus Hermeneutik«. *Lendemains* 75/76, S. 27–40.

Gebauer, Gunter/Wulf, Christoph, (1998): *Spiel – Ritual – Geste. Das Mimetische in der sozialen Welt*, Reinbek: Rowohlt.

Gebauer, Gunter (2000): »Die Konstruktion der Gesellschaft aus dem Geist? Scarle versus Bourdieu«. *Kölner Zeitschrift für Soziologie und Sozialpsychologie* 52/3, S. 428–449.

Gehlen, Arnold ([1936] 1977): »Vom Wesen der Erfahrung«. In: Ders.: *Anthropologische Forschung. Zur Selbstbegegnung und Selbstentdeckung des Menschen*, Reinbek: Rowohlt S. 26–43.

Gehlen, Arnold (1978): *Der Mensch. Seine Natur und Stellung in der Welt*, Wiesbaden: Akademische Verlagsgesellschaft Athenaion.

Goffman, Erving (1959): *The Presentation of Self in Everyday Life*, New York: Doubleday.

Haug, Frigga ([1972] 1994): *Kritik der Rollentheorie*, Hamburg: Argument Verlag.

Hirschauer, Stefan (1989): »Die interaktive Konstruktion von

Geschlechtszugehörigkeit«. *Zeitschrift für Soziologie* 18, S. 200–228.

HORTLEDER, GERD/GEBAUER, GUNTER (Hg.) (1986): *Sport – Eros – Tod*, Frankfurt/Main: Suhrkamp.

JOAS, HANS (1978): *Die gegenwärtige Lage der soziologischen Rollentheorie*, Frankfurt/Main: Suhrkamp.

KRAIS, BEATE (1993): »Geschlechterverhältnis und symbolische Gewalt«. In: GUNTER GEBAUER/CHRISTOPH WULF (Hg.): *Praxis und Ästhetik. Neue Perspektiven im Denken Pierre Bourdieus*, Frankfurt/Main: Suhrkamp, S. 208–250.

KRAIS, BEATE (1994): »*La misère du monde* und die moderne Gesellschaft, oder: Können Armut, Elend und Not Gegenstand der Soziologie sein?«. *Lendemains* 75/76, S. 7–13.

KRAIS, BEATE (1996): »The Academic Disciplines: The Social Field and Culture«. In: DAVID SCIULLI (Hg.): *Normative Social Action*, Suppl. 2, Greenwich/Connecticut: JAI-Press, S. 93–111.

KRAIS, BEATE (1999): »Über die Vorzüge der kleinen Form«. *Soziologische Revue* 22/1, S. 8–14.

KRAIS, BEATE (2000): »Das soziale Feld Wissenschaft und die Geschlechterverhältnisse. Theoretische Sondierungen«. In: DIES. (Hg.): *Wissenschaftskultur und Geschlechterordnung. Über die verborgenen Mechanismen männlicher Dominanz in der akademischen Welt*, Frankfurt/Main: Campus, S. 31–54.

KRAIS, BEATE (2001a): »Die Spitzen der Gesellschaft. Theoretische Überlegungen«. In: DIES. (Hg.): *An der Spitze. Von Eliten und herrschenden Klassen*, Konstanz: UVK, S. 7–62.

KRAIS, BEATE (2001b): »Die feministische Debatte und die Soziologie Pierre Bourdieus: Eine Wahlverwandtschaft«. In: GUDRUN-AXELI KNAPP/ANGELIKA WETTERER (Hg.): *Soziale Verortung der Geschlechter. Gesellschaftstheorie und feministische Kritik*, Münster: Westfälisches Dampfboot, S. 317–338.

KRAPPMANN, LOTHAR (1969): *Soziologische Dimensionen der Identität*, Stuttgart: Klett-Cotta.

LENK, HANS (1995): *Schemaspiele. Über Schemainterpretationen und Interpretationskonstrukte*, Frankfurt/Main: Suhrkamp.

LUHMANN, NIKLAS (1984): *Soziale Systeme. Grundriß einer allgemeinen Theorie*, Frankfurt/Main: Suhrkamp.

MEAD, GEORGE HERBERT (1968): *Geist, Identität und Gesellschaft aus der Sicht des Sozialbehavorismus*, Frankfurt/Main: Suhrkamp.

PANOFSKY, ERWIN ([1967] 2000): *Architecture gothique et pensée scolastique.* (Traduction et postface de Pierre Bourdieu), Paris: Minuit.

PARSONS, TALCOTT (1951): *The Social System*, Glencoe/Ill.: Free Press.

ROUSSEAU, JEAN-JACQUES (1971): *Emil oder über die Erziehung*, Paderborn: Schöningh. (franz. Erstausgabe 1762)

SCHULTHEIS, FRANZ (2000): »Initiation und Initiative. Entstehungskontext und Entstehungsmotive der Bourdieuschen Theorie der sozialen Welt«. In: PIERRE BOURDIEU (2000a), *Die zwei Gesichter der Arbeit*, Konstanz: UVK, S. 165–184.

SCHÜTZ, LUDWIG (1958): *Thomas-Lexikon* (Faksimile-Neudruck der 2., sehr vergrößerten Auflage), Stuttgart: Frommann-Holzboog.

WEBER, MAX ([1922] 1976): *Wirtschaft und Gesellschaft*, Tübingen: Mohr (Siebeck).

WITTGENSTEIN, LUDWIG (1960): *Philosophische Untersuchungen*, Frankfurt/Main: Suhrkamp.

Zur Einführung empfohlene Literatur

BOHN, CORNELIA/HAHN, ALOIS (2000): »Pierre Bourdieu«. In: DIRK KAESLER (Hg.), *Klassiker der Soziologie. Bd. 2: Von Talcott Parsons bis Pierre Bourdieu*, München: Beck, S. 252–271.

DÖLLING, IRENE (2002): »Habitus«. In: WOLFGANG FRITZ HAUG (Hg.), *Historisch-kritisches Wörterbuch des Marxismus*, Bd. 5, Hamburg: Argument-Verlag, S. 1105–1114.

SCHULTHEIS, FRANZ (2000): »Initiation und Initiative. Entstehungskontext und Entstehungsmotive der Bourdieuschen Theorie der sozialen Welt«. In: PIERRE BOURDIEU (2000a), *Die zwei Gesichter der Arbeit*, Konstanz: UVK, S. 165–184.

Einsichten. Themen der Soziologie

Bereits erschienen:

Jörg Dürrschmidt
Globalisierung

April 2002, 132 Seiten,
kart., 12,00 €,
ISBN: 3-933127-10-6

Stefanie Eifler
Kriminalsoziologie

April 2002, 108 Seiten,
kart., 10,50 €,
ISBN: 3-933127-62-9

Thomas Kurtz
Berufssoziologie

Juni 2002, 94 Seiten,
kart., 10,50 €,
ISBN: 3-933127-50-5

Beate Krais
Habitus

September 2002, 94 Seiten,
kart., 10,50 €,
ISBN: 3-933127-17-3

Begleit-CD-ROM zur Reihe:

transcript Verlag (Hg.)
Einsichten - Vielsichten
Lesewege und Interviews zu Themen der Soziologie

2001, 150 Seiten, ca. 200 Min. Audio,
CD-ROM, Schutzgebühr 2,50 €,
ISBN: 3-933127-79-3

Leseproben und weitere Informationen finden Sie unter:
www.transcript-verlag.de